달섬 세계고전

22

# 갈대피리의 노래 2

마울라나 잘랄루딘 루미

*The Reed Flute's Song*

# 갈대피리의 노래 2

왕은철 옮김

달섬

# 목차

## 갈대피리의 노래 2

## 나무망치

나를 두고는 어디에도 가지 마세요.
나를 젖혀놓고는 하늘이나 땅에서
아무 것도 일어나지 못하게 하세요,
나 없이는 이 세계나 저 세계에서
아무 것도 일어나지 못하게 하세요.

눈은 내가 보지 않는 아무 것도 보지 않고
언어는 아무 것도 말하지 않아요.
밤이 달과 함께 있는 자신을 알 듯
나와 함께 있으세요.
나라는 가시와 가장 가까운
장미가 되세요.

나는 당신이 음식을 음미할 때 당신 안에서
당신이 일할 때 아치 모양의 나무망치 안에서
나 자신을 느껴보고 싶어요.
당신이 친구들을 찾아갈 때나

당신이 밤에 혼자서
지붕 위로 올라갈 때도 마찬가지고요.

당신 없이 거리를 걸어가는 것보다
더 나쁜 것은 없어요.
나는 어디로 가는지도 몰라요.
당신은 길이고
지도 이상으로
사랑 이상으로
길을 아는 분이니까요.

# 물레방아

친구들이여,
함께 있으시오.
흩어져 자지 마시오.

우리의 우정은 깨어 있음으로
만들어졌습니다.
물방아는 물을 받아들여 돌아가고
울면서 물을 내어줍니다.

그런 식으로 그것은 정원에 머뭅니다.
그 사이 다른 둥근 것이
자신이 원하는 것을 찾으려
마른 강바닥에서 굴러갑니다.

수은 방울처럼
매 순간 떨면서
여기에 머무르세요.

# 곡물창고

수피교도가 세상을 돌아다니고 있었습니다.
어느 날 밤 그가 수피교도들이 모여 사는 곳에
손님으로 갔습니다.
그는 마구간에 당나귀를 매어 놓았습니다.
그리고 환영을 받으며 단의 상석으로 갔습니다.
그와 친구들은 깊은 명상과 신비로운 교섭에 들어갔습니다.

그런 사람들은 한 사람의 현존이
책에서보다 더 많은 것을 가르친다고 생각합니다.
수피교도의 책은 잉크와 자모음으로 된 게 아닙니다.
학자는 펜 자국을 사랑하고
그것으로 살아갑니다.

수피교도는 발자국을 좋아합니다!
그는 그것들을 보면서 사냥감을 슬그머니 추적합니다.
처음에는 실마리를 봅니다.
그리고 얼마 후면 냄새를 따라갈 수 있습니다.

냄새를 따라가는 것은
발자국을 따라가는 것보다 백 배는 더 좋습니다.

신에게 자신을 열어 보이는 사람은
수피교도에게 문을 여는 것과 같습니다.
다른 사람들에게는 쓸모없는 돌처럼 보이는 것이
그에게는 진주일 수 있습니다.
당신은 자신의 모습을 거울에서 분명히 보게 됩니다.
족장은 버려진 벽돌에서 그 이상의 것을 봅니다.

수피교도 스승들은
그들의 영혼이 세상 이전에 존재했던 사람들입니다.
그들은 몸이기 전에 수많은 삶을 살았습니다.

그들은 씨앗이 땅에 들어가기 전에 밀을 수확했습니다.
그들은 바다가 있기 전에 진주들을 실로 꿰었습니다.
그들은 인간 존재에 관한 거대한 회합들이 열리고 있을 때,

지혜의 물에 턱까지 몸을 담그고 서 있었습니다.
일부 천사들이 인간의 창조에 반대했을 때,
수피교도 지도자는 웃으면서 손뼉을 쳤습니다.

그들은 물질에 앞서 물질에 갇히는 것이
어떠한 것인지를 알았습니다.
그들은 밤하늘이 있기 전에 토성을 보았습니다.
그들은 밀알이 있기 전에 빵 맛을 보았습니다.
그들은 마음 없이도 생각했습니다.

다른 사람들에게는 현현이겠지만
그들에게 즉각적인 직관은 의식의 가장 단순한 행동입니다.
우리의 생각 중 많은 것이 과거나 미래에 관한 것입니다.
그들은 그런 것들로부터 자유롭습니다.

그들은 광산을 파기 전에 동전들을 감정합니다.
그들은 포도밭에 가기 전에 다가오는 흥분을 압니다.

그들은 칠월에 십이월을 느낍니다.
그들은 완전한 햇빛 속에서 그늘을 찾습니다.
그들은 모든 물체가 사라지는 상태인 '파나' 속에서
물체들을 알아봅니다.

넓은 하늘은 그들의 빙빙 도는 컵에서 물을 마십니다.
태양은 그들처럼 너그러운 황금색을 띠고 있습니다.

그들 중 둘이 만나면 더 이상 둘이 아닙니다.
그들은 하나이고 육십 만입니다.
바람이 하나가 되어 수없는 파도를 만들 때
그 파도가 그들과 가장 비슷합니다.

이것은 태양에 일어난 일입니다.
태양은 창문을 통해
빛으로 부서져 몸 안으로 들어왔습니다.
태양의 표면은 존재합니다.

그러나 빛만 보면 당신은 의심할지 모릅니다.
인간과 신의 결합은 단수입니다.
빛들로 나뉘면 복수가 됩니다.

친구여, 우리는 함께 여행하고 있습니다.
피곤함은 던져 버리세요.
말로 할 수 없는
아름다움의 작은 점을 보여주겠습니다.
나는 곡물창고 속으로 들어가서
바보처럼 행복해하며
너무 큰 곡식 알갱이를
끌고 가려고 하는 개미와 같습니다.

# 당나귀 노래

다음 얘기는 당신의 영적 삶 속에서
다른 사람들을 모방하는 것의 위험에 관한 것입니다.

'친구'를 스스로 만나십시오.
이기적인 것으로부터 벗어나
한계를 넘는 목소리 속으로 녹아드세요.

떠돌이 수피교도가 당나귀를 타고
아주 가난한 수피교 수도원을 찾았습니다.
그는 당나귀에게 먹이와 물을 주고
당나귀를 하인에게 맡기고 안으로 들어갔습니다.

그러자 수피교도들이 당나귀를 팔아
잔치에 필요한 음식과 양초를 샀습니다.

수도원은 기쁨으로 넘쳤습니다!
더 참을 필요도 없고 사흘간의 단식도 끝났습니다!

당신이 부자여서 잘 먹는다면
가난한 사람들의 충동적인 면을 비웃지 마십시오.
그들은 영혼에 따라 행동하는 게 아니라
필요에 따라 행동하고 있었습니다.

여행자는 잔치에 동참했습니다.
그들은 그에게 관심을 갖고
그를 포옹하고 경의를 표했습니다.

'세마'*가 시작되었습니다.
부엌에서는 연기가 피어올랐습니다.
바닥에 닿는 발길에서 먼지가 피어올랐습니다.
춤을 추는 사람들은 환희로 넘쳤습니다.

그들의 손이 흔들렸습니다.

* 수피교도의 의식 중 하나. 의식에는 노래, 연주, 춤, 시와 기도문 암송 등이 포함되며 2008년에는 유네스코 세계무형문화재로 지정된 바 있다.

그들의 숙인 이마가 단을 가로질러 움직였습니다.
그들은 그러한 경사를 오랫동안 기다려왔습니다.

수피교도들은 언제나 그들의 욕망을 위해
오랫동안 기다려야 합니다.
그래서 그들이 그렇게 정신없이 먹는 것입니다!

그러나 빛을 먹고 사는 수피교도는 다릅니다.
다만 천 명 중 한 사람만 그럴 뿐입니다.
나머지는 그 사람의 보호 하에 삽니다.

'세마'가 차츰 끝났습니다.
시인은 깊은 슬픔의 노래를 부르기 시작했습니다.
"내 아들아, 당나귀가 없어졌다. 네 당나귀가 없어졌다."

모든 사람이 손뼉을 치며 따라서 노래했습니다.
"내 아들아, 당나귀가 없어졌다. 네 당나귀가 없어졌다."

그들은 노래를 반복했습니다.

방문 중인 수피교도는 다른 사람들보다 더
열정적으로 노래했습니다.
마침내 새벽이 되자 그들은 작별인사를 하며 헤어졌습니다.
잔치가 열렸던 곳은 텅 비었습니다.
남자가 가방을 가져오더니 하인을 불렀습니다.
"당나귀는 어디 있느냐?"
"아이고!"
"무슨 말이냐?"
"당나귀를 팔아 잔치를 벌인 거예요!"
"그렇다면 왜 나한테 얘기하지 않았던 거니?"
"여러 차례 가까이 갔지만
늘 너무 크게 노래를 하고 계셨어요.
'당나귀가 없어졌다. 당나귀가 없어졌다.'
이러시면서요. 그래서 저는 알고 계신다고 생각했죠.
신통력이 있으시다고 생각했죠."

"맞다. 이런 일이 벌어진 건 내가 그들의 기쁨을
흉내냈기 때문이다."

친구들의 즐거움도 처음에는
당신 안에 있는 것의 반영입니다.
그것이 현실이 될 때까지
그들과 같이 머무르십시오.

흉내는 존경을 받고 싶은
욕망에서 나온 것이었습니다.
그것은 누가 자신에게 말하는 것에
귀머거리가 되게 만들었습니다.

어떤 것을 할 때
딱 한 가지 이유만이 있다는 걸 기억하세요.
'친구'와 만나는 것이 유일한 진짜 보상입니다.

# 어둠 속의 코끼리

어떤 인도인들은 코끼리를 갖고 있습니다.
사람들에게 보여주기 위한 것입니다.
그런데 여기에 있는 누구도 코끼리를 본 적이 없습니다.
그들이 코끼리를 밤중에 컴컴한 방으로 데려옵니다.

우리는 차례로 어둠 속으로 들어갔다가 나와
그 동물에 대한 자기 생각을 얘기합니다.

우리 중 하나는 몸통을 만지게 되었습니다.
"수도관 같은 동물이네요."

다른 사람은 귀를 만지게 되었습니다.
"아주 강하고 앞뒤로 계속 움직이는 부채 같은 동물이네요."

다른 사람은 다리를 만지게 되었습니다.
"사원 기둥처럼 끄떡없는 동물이네요."

다른 사람은 굽은 엉덩이를 만지게 되었습니다.
“가죽 옥좌 같더군요.”

엄니를 만진 사람은 가장 영리한 사람이었습니다.
“둥근 자기칼 같더군요.”
그는 자신의 설명을 자랑스럽게 생각했습니다.

우리 모두는 한 곳을 만지고
전체를 이해한다고 생각합니다.

어둠 속에서 손바닥과 손가락에 닿는 느낌만으로
코끼리라는 현실을 인식하기 때문입니다.

우리 중 하나가 촛불을 들고
그곳에 같이 들어가면
우리는 그것을 제대로 볼 수 있을 겁니다.

# 부르고 싶은 노래

당신은 노래예요
부르고 싶은 노래.

귀를 거쳐서 중심으로 가죠.
하늘이 있고 바람이 있고
조용한 지식이 있는
중심으로.

씨앗을 뿌리고 덮으세요.
당신이 일하는 곳에
새싹들이 돋아날 거예요.

# 빵 바구니

예언자 마호메트가 말했습니다.
"당신의 행동보다 이 길에서
더 좋은 동반자는 없습니다.
당신의 행동들이 최고의 친구일 것입니다.
당신이 잔인하고 이기적이면
당신의 행동들은 당신의 무덤 안에 사는
독사일 것입니다."

그러나 스승 없이 좋은 일을
할 수 있습니까?
스승 없이 당신이 그게 무엇인지
알 수 있겠습니까?
가장 비천하게 살아도
가르침을 필요로 합니다.

처음에 지식이 있고
그 다음에 일이 있는 것입니다.

그리고 훨씬 나중에
어쩌면 당신이 죽고 나서야
당신이 한 일에서 뭔가가 자랍니다.

당신이 무슨 기술을 배우든
도움과 지도를 요청하세요.
전통을 이해하는
너그러운 스승을 찾으세요.

굴 껍질에서 진주를 찾으세요.
장인에게서 전문기술을 배우세요.

진정한 영적 스승을 만날 때마다
공손하고 예의 바르게 대하세요.
그들에게 묻고 대답을 기다리세요.
결코 생색내지 마세요.

무두장이 장인이 낡고
떨어진 작업복을 입었다고
그의 기술이 줄어드는 건 아닙니다.

훌륭한 대장장이가
누덕누덕 기운 앞치마를 입고
풀무질을 한다고
쇠를 구부리는 기술이 변하는 건 아닙니다.

자만심이라는 옷을 벗고
겸손한 옷을 입으세요.

이론을 배우고 싶으면
이론가들과 얘기하세요.
그건 입으로 하는 겁니다.

기술을 배우고 싶으면 실습을 하세요.

그건 손으로 배우는 겁니다.

수도승이 되고 싶고
영적인 가난함과 무無를 원한다면
지혜로운 사람과 친구가 되세요.

그것에 관한 얘기를 하고
책을 읽고
실습을 한다고
도움이 되는 게 아닙니다.
영혼은 뭘 알고 있는 영혼에게서 받아들이는 겁니다.

영적인 무無의 신비는
순례자의 가슴에 살고 있을지 모르지만
그것을 아는 것은
아직 그의 것이 아닐지 모릅니다.

하느님이

“우리가 너를 넓혀주지 않았더냐?”(쿠란 94:1)라고

말씀하실 때

마치 당신의 가슴이 빛으로 채워지듯

계시의 순간이 열리기를 기다리세요.

당신 밖에서 그걸 찾지 마세요.

당신이 젖의 원천입니다.

다른 사람들의 젖을 짜내려고 하지 마세요!

당신 안에 젖의 샘이 있습니다.

빈 양동이를 갖고 주변을 돌아다니지 마세요.

당신은 자신에게 바다로 가는 통로가 있는데

작은 연못에서 물을 달라고 하고 있습니다.

사랑이 확장되기를 바라세요.

그것만 생각하세요. 쿠란에는
"그분이 너와 함께 계신다"(57:1)라고
되어 있습니다.

당신은 자신의 머리에 한 광주리의 빵이 있는데
집집마다 찾아다니며
빵 부스러기를 달라고 하고 있습니다.

당신 안에 있는 문을 두드리세요.
다른 문을 두드리지 마세요.
신선한 강물이 자신의 무릎까지 찼음에도
당신은 다른 사람들의 물주머니에 있는
물을 마시려고 합니다.

물이 당신 주변에 널려 있는데
당신 눈에는 자신을 물로부터 가로막는
장벽만 보입니다.

말이 자기 허벅지 밑에 있음에도
당신은 여전히 묻습니다.
"내 말은 어디 있죠?"
"바로 거기, 당신 밑에 있잖아요!"
"그래요, 이건 말이죠. 그러나 말은 어디에 있나요?"
"안 보이나요?"
"그래요, 보여요. 그런데 누가 그런 말을 본 거죠?"

갈증으로 미쳐버린 그는 자기 얼굴 가까이에 흐르는
시내에서 물을 마실 수가 없습니다.
그는 바다 밑에 있으면서도 껍질 속에서
"바다가 어디 있지?"라고 묻는 진주와 같습니다.

그의 정신적인 의문들이 장벽을 만듭니다.
그의 눈이 그의 지식을 붕대로 감습니다.
자의식이 그의 귀를 막습니다.

하느님 안에서 어리둥절한 채로 있으세요.
그것만으로 충분합니다.

정신이 없는 사람들이여,
근심으로 가득한 삶을 간단하게 만드세요.
단 하나의 옳은 길이 있습니다.
그것은 과일나무에는 물을 주고
가시나무에는 물을 주지 말라는 겁니다.
영혼과 하느님의 밝은 이성-빛을 가르치는 것에
너그럽게 대하십시오.
설사와 종양을 일으키는 것을 섬기지 마십시오.

당신 자신의 양쪽을
균등하게 만족시키지 마십시오.
영혼과 육체는 다른 짐을 나르고
다른 관심을 필요로 합니다.

우리는 너무 자주 예수에게 안장을 얹고
당나귀를 풀밭에 풀어놓습니다.

마음이 가장 잘 하는 것을
몸에게 시키지 마세요.
몸이 쉽게 나를 수 있는 무거운 짐을
영혼에 얹지 마십시오.

# 혼자 기도할 때

풍성한 디저트를 가져다 줄 때
우리가 그것을 거절하는 일은 아주 드뭅니다.
우리는 다른 사람들과 같이 있을 때 경건하게 기도합니다.
혼자 있을 때는
몇 분만 지나면 일어서지만
같이 있을 때는 몇 시간 동안 앉아 있습니다.
우리는 필요한 것들을 후다닥 목구멍으로 넘깁니다.

그러나 이러한 특징은 바뀔 수 있습니다.
땅 속의 무기물이 나무속으로 들어가 나무가 되듯
식물이 동물 속으로 들어가듯
인간은 무거운 몸의 짐을 내려놓고
가벼워질 수 있습니다.

# 잔치

마호메트가 가브리엘에게 말했습니다.
"친구여, 내가 당신의 진짜 모습을 보게 해줘요.
홍미를 가진 관찰자가 홍미의 대상을 바라보듯
당신을 보게 해줘요."

"당신은 못 견딜 거요.
현실을 받아들기에는
시력이 너무 약해요."

"그래도 보여줘요.
감각으로는 알 수 없는 것을
내가 이해할 수 있도록."

육체의 감각들은 불안정하고 흐릿하지만
안에는 선명한 불이 있습니다.
알파요 오메가인 아브라함 같은 불길입니다.
인간은 이 행성으로부터 나와 진화한 것 같지만

본질적으로는 인간성이 세계의 기원입니다.

이것을 기억하세요!
작은 하루살이의 외면적인 모습이
고통과 부족함 속에서 빙빙 돌고 있지만
하루살이의 내면적인 본질에는
은하계의 모든 소용돌이가 내포되어 있습니다.

마호메트는 그 요청을 굽히지 않았고
가브리엘은 동쪽에서 서쪽까지 닿는
깃털 하나를 보여줬습니다.
그것은 얼핏 보는 것만으로도
산맥이 즉시 무너질 만한 것이었습니다.

마호메트는 그것을 바라보며 감각을 잃었습니다.
가브리엘이 오더니 그를 팔로 껴안았습니다.

경외감은 낯선 이들을 위한 것입니다.
이러한 껴안음은 친구들을 위한 것입니다.
왕들은 칼을 든 무서운 경비들을
주변에 세워두고 있습니다.
힘을 과시해 질서를 지키고
오만함과 위해와 다른 재앙들을 막기
위해서입니다.

그러나 왕이 친구들과 개인 잔치에 오면
하프와 피리 소리가 있습니다.
케틀드럼은 없습니다.

장부에 적지도 않고
행동을 판단하지도 않고
투구도 쓰지 않고
갑옷도 입지 않습니다.

비단과 음악, 음료를 가져오는
아름다운 여인들만 있습니다.
여러분은 그것이 어떠한지 압니다.
그러나 누가 그것을 말할 수 있겠습니까!

내 친구여,
얘기는 이쯤 하고
우리가 가야 하는 길로
우리를 안내하시게나.

*

우리는 빛의 반짝임으로 채워진 밤바다입니다.
여기에 같이 앉아 있는 동안
우리는 물고기와 달 사이에 있는 공간입니다.

*

어느 것이 더 가치가 있을까요?
수천 명의 군중입니까?
자신의 순수한 고독입니까?

자유입니까?
국가 전체에 대한 권력입니까?

방에 잠깐만 혼자 있어보세요.
그것이 당신에게 주어질 수 있는 어떤 것보다
더 가치가 있다는 걸 알게 될 것입니다.

# 벌레의 깨어남

인간은 이런 식으로 변할 수 있습니다.

포도나무 잎을 먹는 것에
중독이 된 벌레가 있습니다.

갑자기 벌레가 깨어나며
그것을 은총이라고 부릅니다.
뭔가가 그를 깨운 것입니다.
그는 더 이상 벌레가 아닙니다.

그는 포도밭이고
과수원이기도 합니다.
과일이며 나무 몸통이고
삼킬 필요가 없는
커가는 지혜이고 기쁨입니다.

# 상큼한 당신

날씨가 춥고 비가 오면
당신은 더 아름답습니다.

그리고 비는 당신 입술에
나를 더 가까이 데려갑니다.

내면의 비밀은 결코 타고난 것이 아닙니다.
당신은 새로움 그 자체입니다.
나는 이제 당신과 함께 있습니다.

나는 가는 것도 오는 것도
설명할 수 없습니다.
당신이 갑자기 들어오면
나는 다시 어디에도 없습니다.
장엄함 속에 있는 겁니다.

# 나방을 가늠하는 방식

당신은 왕의 아들입니다.
어째서 스스로를 고립시킵니까?
연인이 되세요.

장군이나
장관이 되려고 하지 마십시오.

하나는 당신에게 무료함이고
다른 하나는 치욕입니다.

당신은 충분히 오랫동안 목욕탕 벽에 붙은 사진이었습니다.
여기에서는 아무도 당신을 알아보지 못하지 않습니까?

하느님의 사자가 인간으로 변장했습니다.
나는 그것을 보고 읽던 책을 내려놓았습니다.
하리리의 '마카마트*'였습니다.

우리에게는 이른 것도 늦은 것도 없습니다.
연인을 가늠하는 유일한 방법은
상대방의 화려함입니다.

촛불의 아름다움으로 나방을 판단하세요.
샴스가 보이지 않는 것은 그가 시각 안에 있기 때문입니다.
그는 모든 곳에 동시에 있으면서
바라보는 것의
지적인 본질입니다.

* 아랍시인 하리리의 산문과 운문이 혼합된 작품집.

# 바람

아침 바람이 향긋한 냄새를 몰고 옵니다.
우리는 일어나서
우리를 살게 만드는 바람을 들이켜야 합니다.
그것이 사라지기 전에 들이키세요.

# 처마 밑의 비둘기

내 손으로 내 가슴을 누를 때
그것은 당신의 가슴입니다.

그리고 지금 당신은 내 머리를 긁적이고 있습니다!

때때로 당신은 나를
다른 낙타들의 무리 속에 놓습니다.

때때로 당신은 나를
지휘관으로 군대 앞에 놓습니다.
때때로 당신은
인장이 새겨진 반지로
인장을 찍기 직전에 그러하듯
나한테 침을 묻힙니다.

때때로 당신은
나를 둥글게 구부려

수수한 문고리로 만듭니다.

당신은 피를 취해 정자를 만듭니다.
당신은 정자를 취해 동물을 만듭니다.
당신은 동물을 이용해 지성을 발전시킵니다.
삶은 그 이상의 삶으로 이어집니다.

피리 소리가 처마 밑의 비둘기에게 그러하듯
당신은 나를 부드럽게 쫓아냅니다.

당신은 똑같은 노래로
나를 다시 부릅니다.

당신은 나를 많은 여행 속으로 밀어냅니다.
그리고 당신은 나를 움직이지 못하게 묶어둡니다.

나는 물입니다.

나는 누군가의 옷이
걸리게 만드는 가시입니다.

나는 아름다운 경치에는 관심이 없습니다!
당신이 있는 곳에 있고 싶을 뿐입니다.

믿을게 아무것도 없습니다.
나는 내 자신을 믿는 걸 그만뒀을 때에야
이 아름다움 속으로 들어왔습니다.

나는 당신의 칼을 보고 나의 방패를 불살라버렸습니다!
나는 가브리엘처럼 육백 개의 날개로 날았습니다.
그러나 지금 내가 여기에 있는데
왜 날개가 필요하겠습니까?

나는 밤낮으로 진주 같은 영혼을 지켰습니다.
이제 진주 같은 물결이 치는 이 바다에서

나는 어느 쪽이 나의 길인지 잃어버렸습니다.

당신을 묘사할 방법이 없습니다.
이것의 끝이 어떠할지 아주 강력하게 얘기해주세요.
그래야 내가 마음의 동요를 극복하게 될 테니까요.

# 살아있음

우리는 이런 식으로도 얘기하고
저런 식으로도 얘기합니다.
우리는 우리가 원하는 일과
일어나기를 두려워하는 일과는 별개로
다른 삶과 더불어 살아 있습니다.
깨끗한 돌들이
산에서 형태를 갖추듯이.

# 은밀한 핵심

이런 종류의 음식은 먹을 수 없습니다.
또한 이러한 지혜는
바라보는 것만으로는 찾을 수 없습니다.
가브리엘조차 알려고 시도해도 알 수 없는
은밀한 핵심이
모든 사람에게 있습니다.

# 사랑의 도살장

사랑의 도살장에서는
약하거나 기형인 것은 죽이지 않고
최고의 것만을 죽입니다.

이러한 죽음으로부터 달아나지 마십시오.
사랑을 위해 죽임을 당하지 않는 자는 누구나
죽은 고기입니다.

# 증인

마호메트는 온갖 치욕을 감수하면서
묵상할 수 있었습니다.
아주 확고하게 하느님을 바라보았기 때문입니다.
그의 안약은 하느님을 향한 무한한 확장에서 나왔습니다.

그 약을 바른 고아는 나을 것입니다.
그는 사람들의 모든 성취를 도중에 볼 수 있었습니다.
그래서 하느님은 그를 증인이라 하셨습니다.

증인의 도구는 진실성과
예리한 눈과 철야기도입니다.

재판관이 가장 주의 깊게 귀를 기울이는 것은
이 증인의 말입니다.
거짓 증인은 증언을 허울만 좋게 만드는
이기적인 속성을 갖고 있습니다.

그는 전체를 볼 수 없습니다.
하느님이 욕망을 거부하라고 하신 것은 그래서입니다.
이기심을 포기하는 법을 배우도록 말입니다.

당신을 신뢰할 수 없는 증인으로 만드는 것은
외면적인 세계에 대한 사랑입니다.

달리 보는 방법이 있습니다.
그것은 이곳에 대한 당신의 사랑을 '통해서'
머리가 아플 정도로 취한 상태를 '통해서' 보는 것입니다.
증인은 그 아픔을 치유할 수 있습니다.

하느님은 진짜 증인을 부르는
공정한 재판관이며
순수한 사랑의 눈이고
귀여운 분이고
장난꾸러기이며

현상을 창조한

장난기 안의 이성입니다.

# 사막의 옥수수

가뭄이 길게 이어졌습니다.
작물들이 말라 죽었습니다.
포도나무 잎들은 검게 변했습니다.

사람들은 숨을 헐떡거리며
해변으로 올라온 고기들처럼 죽어갔습니다.
그러나 한 사람만은 늘 미소를 짓고 있었습니다.

사람들이 와서 물었습니다.
"당신은 고통에 대한 동정심이 없는 거요?"

그가 대답했습니다.
"당신들의 눈에는 이게 가뭄이지만
나한테는 하느님이 보여주시는 기쁨의 한 형태랍니다.

나는 이 사막 어디에서나
허리까지 자란 푸른 옥수수를 봅니다.

부추보다 더 푸른 싱싱한 옥수수가
바다처럼 넓게 펼쳐진 모습을 봅니다.

나는 손을 뻗어 그것들을 만집니다.
내가 어떻게 그러지 않을 수 있겠습니까?

당신과 당신 친구들은
자신의 몸에서 나온 피의 홍해에 빠진
파라오 같습니다.
모세와 친구가 되어 다른 강물을 보십시오."

당신이 아버지가 잘못했다고 느끼면
그의 얼굴이 잔인해 보입니다.
요셉은 질투가 많은 형제들에게는 위험해 보였습니다.
당신이 아버지와 화해하면
그의 얼굴은 평화롭고 친절해 보일 것입니다.
모든 세상은 진실의 한 형태입니다.

누군가가 그것에 고마움을 느끼지 않으면
그 형태들은 그가 느끼는 것처럼 보입니다.
그것들은 그의 분노와 탐욕과 두려움을 비춥니다.
세상과 화해하십시오.
거기에서 즐거움을 찾으십시오.

그러면 그것이 금으로 바뀔 것입니다.
부활은 지금 이 순간이 될 것입니다.
매 순간이 새로운 아름다움이 될 것입니다.

무료함은 없을 것입니다.
그 대신 수많은 샘물이 풍요롭게 쏟아지는
소리들이 있을 것입니다.
나뭇가지들은
신비로운 삶이 무엇인지를
갑자기 알게 된 사람들처럼
춤을 추며 움직일 것입니다.

나뭇잎들은
음악을 듣는 것처럼
손가락을 튕기는 소리를 낼 것입니다.
정말 그렇습니다!
펠트 덮개 밑으로
거울의 일부가 반짝이는 모습이 보입니다.
거울 전체가 공기와 햇빛에 드러날 때
그 모습이 어떠할지 생각해보십시오.

내가 당신에게 얘기하지 않은 신비로움이 있습니다.
갖은 의심을 다하면서 이렇게 말하는 사람들도 많습니다.
"당신이 말하는 것이 미래에는 그러할지 모르지만 지금은 아니오."
그러나 내가 보는 보편적 진실의 형태는 이렇게 말합니다.
"이것은 예언이 아닙니다.
이것은 이 순간 여기이고 손에 쥔 현금입니다."

나에게 이것은 아버지를 찾으러 나섰던

우자이르의 아들들을 생각나게 합니다.
그들은 늙어갔고
그들의 아버지는 기적적으로 젊어졌습니다!
그들은 그를 만나 물었습니다.
"죄송합니다만 우자이르를 보신 적이 있으십니까?
우리는 그분이 오늘 이 길로 올 거라는 얘기를 들었습니다."

우자이르가 말했습니다.
"네, 바로 내 뒤에 옵니다."
아들 중 하나가 말했습니다.
"기쁜 소식이네요!"
다른 아들이 바닥에 엎드렸습니다.
아버지를 알아본 것이었습니다.

"소식이라니 무슨 소리야! 아버지가 우리 앞에 이미 계시잖아."

당신의 마음속에는 '소식'과 같은 게 있을지 모르지만

내면적으로는 모든 게 지금 일어나는 중입니다.

의심하는 사람들에게는 이것이 고통입니다.
믿는 사람들에게는 이것이 복음입니다.
연인과 통찰력이 있는 사람들에게는
이것이 살게 될 삶입니다.

충실함의 규칙들은
현존이 방해받지 않도록 하는
문과 문지기일 따름입니다.

충실하지 못하다는 건
껍질이 벗겨지는 과일 외피와 같습니다.
그것은 중심으로부터 멀기에
메마르고 씁쓸합니다.
충실함은 껍질 안쪽처럼
촉촉하고 달콤합니다.

그러나 껍질을 벗기기 위한 장소는 불입니다.
진짜 안쪽은 "달콤함"과 "씁쓸함"을 넘어섭니다.
그것이 맛의 근원입니다.

이것은 말로 다 할 수 없는 겁니다.
그것에 너무 빠져 있으니 그렇습니다!

돌아서세요!
내가 모세처럼 물에 길을 내겠습니다.
나는 이 정도까지만 얘기하고
나머지는 숨겨진 채로 두겠습니다.

당신의 지성은
많은 것들 위에 흩어져 있는 금처럼
파편의 형태입니다.
왕의 도장이 당신에게 찍힐 수 있도록
그것들을 한곳으로 모아야 합니다.

모으십시오.
그러면 당신은 중앙에 시장이 있는
사마르칸트나 다마스쿠스처럼 아름다울 것입니다.
낟알 하나하나, 부분들을 모두 모으십시오.
당신은 납작한 동전보다
더 훌륭해질 것입니다.
당신은 둘레에 왕의 조각들이 새겨진
컵이 될 것입니다.

'친구'는 당신을 위해
물과 샘물이 되고
램프가 되고
조력자가 되고
당신이 좋아하는 디저트가 되고
한 잔의 술이 될 것입니다.

그것과 합해지는 것이 은총입니다.

조각들을 다 모으세요.
그러면 내가 당신에게
그게 무엇인지 보여줄 수 있습니다.

이것이 그 이야기를 하는 이유입니다.
우리가 하나가 되도록 돕기 위해서입니다.
많다는 것은 다른 육십 가지의
감정들을 갖는 것입니다.
화합은 평화이고 침묵입니다.

나는 내가 침묵을 지켜야 한다는 것을 압니다.
그러나 재채기나 하품을 하듯
흥분한 탓에 자꾸 입을 열고 있습니다.

마호메트는 말합니다.
'나는 하루에 칠십 번씩 용서를 구한다.'
나도 그러합니다.

저를 용서해주세요.
말이 많은 걸 용서해주세요.
그러나 하느님이 신비를 드러내는 방식이 빨라지면서
내 안에 있는 말들의 흐름을 이어지게 합니다.

잠을 자는 사람은
침구가 강물에 젖을 때도 잠을 잡니다.
잠을 자는 사람은
물을 찾아 돌아다니다가 신기루를 가리키며
"물이다! 저기다! 저기다"라고 말하는 꿈을 꿉니다.
그를 계속 잠들어 있게 하는 것은
'저기다!'라는 말입니다.
'미래에'나 '멀리'라는 말은
환상입니다.
하느님의 여기와 지금을 맛보십시오.

왔다 갔다 하고 변덕스러운 영리함이 아니라

현재의 갈증이 당신의 진짜 지혜입니다.
산만한 것은 죽어서 무덤으로 들어갑니다.

이 사색적인 기쁨은 그렇지 않습니다.
학문적인 지식은 혼란이며
소모적인 명성입니다.
듣는 것이 더 좋습니다.

스승이 되는 것은
욕망의 한 형식이고
번갯불입니다.
번개가 계속 치는데
와크시, 옥수스 강까지 멀리 말을 타고
갈 수 있겠습니까?

번개는 지침이 아닙니다.
번개는 구름들의 울음일 뿐입니다.

조금만 우세요.
우리 마음에서 번갯불이 계속 치면
우리는 진짜 삶을 위해 울면서 염원하게 될 것입니다.

아이의 머리는 "학교에 가야 된다"라고 생각합니다.
그러나 머리는 스스로를 가르칠 수 없습니다.

아픈 사람의 마음은 "의사한테 가라"라고 하지만
그것이 환자를 치료하지는 못합니다.

악마들이 천국 가까이로 슬그머니 다가가서
비밀을 엿들으려고 했습니다.
그때 목소리가 들렸습니다.
"여기에서 나가라.
세상으로 가라.
예언자들의 말에 귀를 기울여라!"
문을 통해 집으로 들어가십시오.

먼 길이 아닙니다.
당신은 속이 텅 빈 갈대입니다.
그러나 안내자에 귀를 기울이면
당신은 다시 사탕수수가 될 수 있습니다.

한 줌의 먼지가 가브리엘의 말발굽에서 떨어져
황금 송아지 안에 던져지자 송아지가 울었습니다!
그것이 안내자가 당신을 위해 할 수 있는 것입니다.
안내자는 당신을 '살' 수 있게 만들 수 있습니다.

안내자는 당신이 부리는 매의 머리씌우개를
벗길 것입니다.
사랑은 매부리이고 당신의 왕입니다.

그것으로 조련을 받으십시오.
"내가 누구보다 더 낫다"라고 말하거나
생각하지 마십시오.

그것은 사탄이 생각했던 것입니다.
영혼의 나무의 평화로운 그늘에서 잠을 자십시오.
그리고 그 초록색 밖으로 당신의 머리가 결코
벗어나지 않게 하십시오.

*

새 소리는 나의 그리움을
다독여줍니다.

나는 그들처럼 황홀해 하지만
아무 것도 말할 게 없습니다!

우주의 영혼이여
어떤 노래든,
무엇이든
나를 통해서 해주세요!

*

사랑의 길은

미묘한 논쟁이 아닙니다.
저쪽 문은
황폐함입니다.

새들은 자유의 거대한 하늘 – 원을 만듭니다.
그것을 어떻게 배울까요?

그들은 떨어집니다.
떨어지면서 날개가 주어집니다.

*

당신의 목에서 나오는 노래가
황제로 하여금 탄원자가 되어
문에 엎드리게 할 정도로
맑고 강하게 노래하십시오.

*

나는 몇 가지 문구와 몇 페이지 글을 암송했지만
사랑에 대해 말로 할 수 있는 건 아무 것도 없습니다.

당신은 당신과 내가 같이 살 때까지
기다려야 합니다.

그때가 되어야 우리는 대화로…
그러니 인내심을 가지십시오.

*

당신이 내 마음을 너무 산란하게 만들었습니다.
당신의 부재가 내 사랑에 부채질을 합니다.
어떻게 그럴 수 있느냐고 묻지 마세요.

그런데 당신이 가까이 옵니다.
내가 "그러지 마세요."라고 하면
당신은 "그러지 마세요."라고 대답합니다.

이것이 어째서 나를
기쁘게 하는지 묻지 마세요.

## 알 속에서 시작되는 새의 노래

신을 사랑하는 사람은 때때로
그분 앞에서는 졸도할지 모릅니다.
그러면 신은 몸을 숙이고
그의 귀에 속삭입니다.
"거지야, 네 옷을 펼쳐라.
금으로 채워주겠다.
나는 너의 의식을 보호하려고 왔다.
그런데 그게 어디로 갔느냐? 다시 깨어나라!"

기절하는 것은
신을 사랑하는 사람들이
'너무 많은' 걸 원하기 때문입니다.

닭이 낙타를 자기 집에 초대하면
집이 무너지는 법입니다.

토끼가 눈을 감고 누우니

사자의 품입니다.

영적인 탐색의 과잉은
깊은 무지입니다.

그 무지가 우리의 스승이 되게 하십시오!
'친구'는 숨이 없는 사람에게
숨을 불어 넣습니다.

깊은 침묵은
강둑에서 만난 두 사람이
듣고 말하는 것을 회복시켜 줍니다.

봄바람에 초록색이 되는 땅처럼.
알 속에서 시작하는 새의 노래처럼.

존재하게 되는 이 우주처럼.

사랑하는 사람은
잠에서 깨어 빙글빙글 돌면서
기쁨의 춤을 추고
무릎을 꿇고
찬미합니다.

# 내가 당신이라고 하라

나는 햇빛 속의 먼지 알갱이입니다.
나는 둥근 해입니다.

나는 먼지한테 말합니다. '머물러.'
나는 해한테 말합니다. '계속 움직여.'

나는 숲 위의 바람이고
절벽 위의 파도입니다.

나는 돛대, 키, 키잡이, 용골龍骨이면서
그것들이 침몰하는 산호초이기도 합니다.

나는 길들여진 앵무새가 앉아 있는 나무입니다.
침묵, 생각, 그리고 목소리입니다.

피리를 통해 나오는 음악적 분위기이고
돌의 불꽃, 금속의 깜빡거림입니다.

촛불이면서
미친 듯 주변을 도는 나방입니다.

장미이면서 그 향기에 취한
나이팅게일입니다.

나는 존재의 질서이며
빙글빙글 도는 은하이며
진화의 지성이며
상승이며 하강입니다.
있음이며 없음입니다.
잘랄루딘을 아는 당신.
모든 사람 중에서 당신만이
내가 누구인지 말합니다.
내가 당신이라고 말하십시오.

# 주어진 것

우리가 지금 우리 안에서 듣는 북 소리는
내일이면 들을 수 없을지 모릅니다.

우리에게는 이후에 다가올 것에 대한
두려움이 있습니다.
죽음.
이 사랑들은 솜조각과 같습니다.
불속에 던져버리세요.

죽음은 그렇게 타오르는 만남일 것입니다.
당신이 늘 같이 있고 싶었던 현존일 것입니다.

우리가 자유로워지는 것을
이 몸과 이 우주가 막고 있습니다.

자신의 방들을 그토록 아름답게 장식하는 여러분,
그것들이 찢어지지 않을 것 같습니까?

결국 감옥이 무너지는 것은 불가피합니다.
불로 인한 변화,
재앙으로 인한 변화는
분명히 당신을 찾아올 것입니다.

우주는 하나의 축 위에서 돌아갑니다.
거대하고
완전히 무기력하고
자유로운 것 속에서
구르는 행성처럼
거지처럼
내 영혼이 탁자 주변을 빙글빙글 맴돌게 하십시오.

기사騎士와 성장城將이 불규칙하게
체스 판에서 움직이는 것 같아도
사실은 왕을 중심으로 그렇게 움직입니다.
그들은 왕을 싸고돕니다.

만약 사랑이 당신의 중심이라면
반지가 당신의 손가락에 끼워집니다.

나방 안에 있는 뭔가는
불로 만들어져 있습니다.

신비주의자는 순순한 무無의
소멸적인 끝에 닿습니다.

주정뱅이는 소변을 아무 데나 누는 것이
괜찮다고 생각합니다.
주님, 이러한 불결함을 저에게서 거둬 주세요.

주님이 말씀하십니다.
첫째, 불결함의 본질을 이해하여라.
너의 열쇠가 구부러졌다면
자물쇠는 열리지 않을 것이다.

나는 침묵에 빠집니다.

샴스 왕이 오셨도다.

그는 늘 내가 닫으면

열어젖힙니다.

# 구름

현악기는 자신이 옛날에는
살아있는 몸의 일부였다고 말합니다.

그러자 막대기는 한때 자신이 푸르른 가지였는데
말을 타고 가던 사람이 자기를 부러뜨렸다고 말합니다.

우리도 다르지 않습니다.
우리는 우리가 말하는 것이
대상隊商 행렬의 종소리이고
머리 위로 지나가는 구름이라고 말합니다.

여행자여,
어디에서 걸음을 멈출지
결정하려고 하지 마세요.
당신이 끌리는 것이 무엇이든
그것에 싫증나게 되어 있습니다.

정자세포에서 젊은 남자로,
다시 노인이 되는 변화에 주목하세요.

발걸음을 가볍게 하고 계속 움직이세요.
터키어, 그리스어, 페르시아어, 아랍어 등
아무 말이든 하세요.
그러나 늘 사랑을 갖고 하세요.

표면을 스치는 바람은 강에 대해 얘기합니다.
진짜 신기루를 찾으려거든 나를 따르세요.

불을 어떻게 해야 하는지 나방에게서 배우세요.
왕이 우리의 도시로 돌아오는데
어째서 우리가 변두리에 있는 폐허를 돌아다니죠?

소가죽으로 당신의 당나귀를 때리세요.
부드러움이 늘 좋은 것은 아닙니다.

때로는 갑작스러운 방향 전환이 필요합니다.

안으로부터 빛을 발하는 타브리즈에서는
구름조차도 신호로 읽힌답니다.

# 무모한 노래

12월과 1월이 갔습니다.
튤립이 올라오고 있습니다.
나무들이 바람에 휘청거리고
장미들이 쉬지 않는 모습을
지켜볼 시간입니다.

수선화는 눈웃음을 치며,
삼나무 옆에서 그토록 느릿느릿 추는 춤에 대해
촐싹거리는 버드나무가
과연 뭐라고 할지 궁금해 합니다.

화가들은 붓을 들고 밖으로 나옵니다.
나는 그들의 손을 사랑합니다.

새들이 갑자기 한꺼번에 노래를 합니다.
영혼은 조용히 '야 후'라고 말합니다.

비둘기가 부릅니다. '쿠', 어디?
영혼이 대답합니다. '네가 찾아봐.'

이제 장미들이 가슴을 드러냅니다.
친구가 오면 아무도 숨지 않습니다.

장미는 공개적으로 나이팅게일에게 얘기합니다.
녹색 백합이 여러 개의 혀를 갖고 있으면서도
여전히 비밀을 지키는 걸 보세요.

이제 나이팅게일은 당신처럼,
너무나 무모하게 드러난
이 사랑을 노래합니다.

# 달을 만든 문

사탕수수의 달콤함이
사탕수수 밭을 만든 분보다 더 달콤할까요?

달의 아름다움 뒤에는 달을 만든 분이 있습니다.
바다의 지혜 속에는
보이지 않는 물레방아처럼
우리의 사랑을 공급하는 지혜가 들어 있습니다.

동물 지방에서 식용유를 만드는 기술이 있습니다.
당신의 눈에 있는
반짝이는 젤리 같은 것으로
사물을 볼 수 있게 만든 기술을 생각해 보세요.

새벽은 아름다운 식사처럼 우리에게 옵니다.
우리는 배고파서 미칠 것 같다가
요리사와 사랑에 빠집니다.

세 마리의 당나귀를 몰고 길을 가는 것처럼
콧수염을 자랑하지 마세요.

원석 대신 보석사를 사랑하세요.
숨 쉬는 소리들은 이제 됐습니다.

듣는 것을 보는 것으로 바꿔놓은 분이
이것을 마무리하게 하세요.

## 감옥에서

감옥에 있다고 절망하지 마세요.
요셉을 해방시킨 왕이
당신을 내보내려고 오고 있습니다.

줄레이카*의 베일을 찢어
그녀로 하여금 보게 만든
요셉도 오고 있습니다.

당신은 옛 고통에 너무 익숙해 있어서
이제는 하나의 치유책만이 있습니다.

열쇠가 당신의 딱딱한 자물쇠에 들어갑니다.
당신은 가장 같이 있고 싶어 했던 친구들로부터
떨어져 있었습니다.
더 이상은 안 됩니다.

---

* 파라오의 경비대장 포티파르의 아내. 요셉은 포티파르의 노예였다.

오늘은 잔칫날입니다.
그러나 어떤 말보다
더 커져가는 이 놀라운 침묵을 가져다주는
공명共鳴 속에서 조용히 있으십시오.

# 무화과

이제 당신이 내 가슴에 살고 있으니
우리가 앉는 곳이 어디든
그곳이 산의 정상입니다.

중국에서 온 자기인형들처럼
사람들을 유혹하고
수백 년 동안 남자들과 여자들을 울게 만든
다른 모습들,
그곳들마저 이제 변하고 있습니다.

고통이었던 것은 이제
우리가 앉아 있는
장미꽃 아래의 아름다운 의자입니다.

왼손이 오른손이 되었습니다.
컴컴한 벽이 창문이 되었습니다.
구두 뒤꿈치에 박힌 쿠션이

집회의 지도자가 되었습니다.

지성과 침묵.
우리의 말이 누군가에게는 독이고
누군가에게는 자양분입니다.

우리의 말은 익은 무화과일 수 있지만
모든 새들이 무화과를 먹는 것은 아닙니다.

## 삶을 다시 시작하라

지난밤 코끼리가 다시 인도를 돌아다니다가
어둠을 갈기갈기 찢어버렸습니다.
낮 동안의 삶이 지난밤처럼 되게 합시다.

부분과 전체가 기분 좋게 같아지도록
신비주의자들이 계속 기억하게 합시다.

우리의 손에 술이 있습니다.
우리의 머릿속에 바람이 있습니다.

밤은 낮을 담고 있습니다.
바다는 파도로 변합니다.

하늘은 우리가 준 선물을 갖고 있습니다.
인간이 가진 어떠한 관습이든
연민의 방식이 될 수 있습니다.

형태와 차원을 가진 어느 것도
열정이 움직이면 가만히 있을 수 없습니다.

당신의 삶을 다시 시작하세요.
그게 무엇이든 모두가 완전히 용서받습니다.

이것은 거부할 수 없는 큰 파도입니다.
이것은 살라딘이라는 이름의 은총입니다.
요셉과의 우정처럼 제압당하는 우정입니다.
이집트 왕이 이집트를 갖고
지불한 것과 같은 우정입니다.

## 그 사이에 있는 당신

사랑하는 사람들은 열심히 일합니다.
그래서 육체와 영혼이
더 이상 같이 있지 않을 때도
그들의 사랑은 자유로울 것입니다.

지혜의 물로 씻으십시오.
그러면 여기에 있는 시간을
후회하지 않을 것입니다.
사랑은 영혼의 절대적인 핵심입니다.
당신의 눈에 보이는 것들 중
사랑만이 영원합니다.

태어나기 전
아무 존재도 아니었을 때
당신은 동쪽 하늘이었습니다.

당신의 죽음은 서쪽 지평선입니다.

당신은 여기, 그 사이에 있습니다.

길은 동쪽이나 서쪽이 아니라
안으로 통합니다.

사랑의 날개를 점검하여 튼튼하게 만드십시오.
종교적인 사다리에 관한 생각은 잊으세요.
사랑이 지붕입니다.
당신의 감각들이 배수구입니다.

지붕에서 떨어지는 물을 받아서 마시세요.
배수구는 쉽게 부서져
자주 교체해줘야 합니다.

이 시를 마음 속으로 읊으세요.
이것이 당신의 입을 지나며
어떤 소리로 나오는지 걱정하지 마세요.

인간의 몸은 활입니다.
숨 쉬고 말 하는 것은 화살입니다.

화살통의 화살들을 다 쓰거나 잃어버리면
활이 할 수 있는 건 더 이상 없습니다.

# 깊은 휴식

죽음은 결혼 잔치입니다.
그것의 비밀은 신이 한 분이라는 것입니다.

햇빛이 창문을 통해 들어와
방안 곳곳을 비춥니다.

그리고 창문이 닫힙니다.
포도알들은 검은 술이 됩니다.

신의 빛 속에 사는 누군가에게
죽음은 양식입니다.

판단의 영역
그 너머에 있는 사람들을
판단하지 마십시오.
자신이 경험하지 않은 것에 대해서는
말하지 마십시오.

다른 빛이 있습니다.
그것을 통해 보려고 하세요.

쿠틉*이 당신을 지켜보고 있습니다.
그가 당신을 보게 하세요.

당신의 눈이 눈물로 채워지게 하세요.
깨어 있는 동안
당신의 눈이 잠을 자게 하세요.
그것이 가장 깊은 휴식입니다.

잠을 자며 생각하세요.
당신의 꿈들을 해석하세요.
만약 거기에서 명료하지 않으면
당신은 평생 동안

---

* 루미는 완벽한 수피교도를 쿠틉, 즉 막대기라고 부른다.

하나 되기를 원하는 사랑의 스튜 속에서

무의식적으로

그저 요리만 하는 것입니다.

# 과일이 익을 때

영혼들이 원하는 것이 옵니다.
우리는 성스러운 웅덩이 속에서
목까지 물이 찬 상태로 서 있습니다.
왕은 여기에 있습니다.

흙 알갱이들은 자기들이
이해하지 못하는 것을 받아들입니다.

이것이 어디에서 왔을까요?
당신의 갈망의 근원에서 옵니다.

어느 방향에서 올까요?
과일이 익을 때입니다.

이 답변은 그것을 듣는
사람의 가슴에 촛불을 지핍니다.

대부분의 사람들은 다쳤을 때만
길을 찾으려고 합니다.
고통은 미지의 것으로 가는 훌륭한 길입니다.

그러나 오늘은 다릅니다.
오늘은 우리가 화려함이라고 일컫는 특징이
인간의 옷을 입고
문으로 걸어 들어와
문을 닫고
우리 가까이에 다정하게 앉습니다.

# 검은 달콤함

대지가 푸르게 변합니다.
인간의 마음에 관한 주석서 일곱 권이 도착합니다.

펜은 종이에 검은 달콤함을 주려고
고개를 숙입니다.

행성들은 가고 싶은 곳이면 어디든 갑니다.
금성은 북극성 주변에서 움직입니다.
달은 사자자리에 붙어 있습니다.

자아가 없는 주인이 여기에 있습니다.
우리는 서로의 눈을 바라봅니다.

아이는 자모음을 배운 다음에도
여전히 아이입니다.

솔로몬은 산을 향해 아침 찻잔을 들어 올립니다.

이 천막 속에 앉으세요.

종교적인 다툼에 귀를 기울이지 마십시오.

우리가 봄을 받아들일 때는

조용히 해주세요.

# 삶에 갇혀 울면서

다시 한 번 그 일이 꿈속에서 반복됩니다.
잠들지 않는 것이 잠 속에서도 반응합니다.

그러나 내게는 그걸 무시하는 방법들이 있습니다.

당신은 이렇게 묻습니다.
황제들이 원하는 것들이 당신한테서 나왔는데
얼마나 오래 다른 사람들에게서 구걸을 할 생각이오?

왜 천박하게 시간을 낭비합니까?
그 누가 당신이 나한테 말하는 것을 말할 수 있겠습니까?

내가 그것을 반복할 수 있으면
지나가는 사람들이 깨닫고 자유로워질 것입니다.

당신은 내 가슴 속의 바다입니다.
거기에서는

믿는 사람과 믿지 않는 사람,
냉소주의자와 연인,
수도사와 왕이 자리를 바꿉니다.

지난밤 당신이 내 꿈에 나타나
잘 지내고 있느냐고 물었습니다.
나는 삶 밖에 갇혀
울면서 기다릴 뿐입니다.

# 눈을 깜빡하는 순간

금으로 가득한 방들에 사람들이 있습니다.
당신은 그들이 얼마나 부자인지 눈으로 '볼' 수 있습니다.
그런데 신비로운 부富가 얼굴에 나타날 때는
어떤 상태입니까?

옷을 벗고 웅덩이로 뛰어드세요.
심리적 압박감을 피하세요.

우리는 물장구를 치는 것이
어리석다고 '생각'했습니다.
그런데 눈 한 번 깜빡이자
우리는 끝났습니다.
당신은 얼마나 오래
시샘하고 화난 채로 있을 건가요?

당신의 가슴에서
두 세 개의 슬픈 노래들이 흘러나오게 하세요.

아니면 지금처럼 계속 있으세요.

어쩌면 당신의 요란한 혼돈 속에서
세계는 사라지고 커튼이 젖혀질 겁니다.

열정이 속박에서 풀려나더니
이제는 침묵합니다.

사랑의 왕이 말합니다.
깊은 자아를 조용히 있게 하려면
용기가 필요한 법입니다.

# 달콤한 무법자들

당신은 나의 달콤함이
여러 개의 진주알만한 가치가 있다고 말합니다.
나는 나한테 진주가 없다고 말합니다.

당신이 말합니다.
좀 빌려요.
나를 잡으려면
당신은 진주로 그물을 만들어야 해요.

그게 아니면 당신은 잘못된 곳에 왔는지도 몰라요.
여기는 도박장이에요.
당신은 소중한 것을 걸어야 해요.
그러고 싶지 않으면 떠나세요.
우리는 무법자들이에요.
당신이 뭘 가져오든 산산이 부수거든요.

우리는 당신이 만난 누구보다 친절하지만

당신이 가진 것을 파괴하죠.
당신의 고운 옷, 당신의 수염까지도.

물건을 수집하는 사람이 있고
그것들을 흩어버리는 사람이 있어요.

당신의 몸은 영혼이 되어야 해요.
털끝 하나하나가
자연스러운 삶으로 진동하도록 말이죠.

사랑에 빠진 사람들은
몸을 떠는 모습을 보면 알 수 있어요.
한 방울의 눈물은 어떤 가치가 있나요?
바라볼 가치가 있죠.
우리는 어머니나 아버지한테서 태어난 게 아니라
그것의 노예입니다.

당신이 이 얼굴 속에 살지 않는다면
목덜미처럼 뒤에 앉으세요.
아니면 뭉툭한 방패처럼 앞으로 나아가세요.
'친구'가 한 번 쳐다봐주는 것에
사람들이 얼마나 고마워하는지 보세요.

# 장식

당신도 연인들과 도둑들에게는
밤이 넓고 길다는 얘기를 들은 적이 있을 겁니다.
우리는 양쪽 일을 합니다.

나는 왕의 방에서 진주를 훔칩니다.
왜 한 조각의 천에 만족하세요?

나는 오늘 밤 지붕으로 올라가는 길을 아는
영리한 도둑 중 하나입니다.
인간들이 사랑하는 모든 것이
거기에 있습니다.

당신의 현존 외에는 아무것도 없습니다.
이 얘기는 여기까지 하겠습니다.

이상하고 아주 예외적인 이야기가 있습니다.
그리스도를 보지 않았다면

북소리를 듣고 왕에게로 다시 날아가는 흰 매처럼
이 말을 잘 들으십시오.

왕의 금 문장紋章이 빙 둘러서 찍히면
쓸모 있는 동전이 됩니다.

당신은 처음으로 보물이 되었을 때
모든 보물이 어디에 있는지 말해주는
밀고자가 있다는 것을 알지 못했습니다.

당신의 값진 물건을 이곳에 공개적으로 가져오세요.
엎드리는 척도 하지 말고
특별히 기념하는 척도 하지 말고
절제하는 척도 하지 마세요.

화려한 숄을 빌려서 두르고 구석에 앉아
이렇게 말하지는 마세요.

내가 주나이드야.
내가 이 시대의 베스타미야.*
당신의 것이 아닌 것은 돌려주세요.
변명도 말고 핑계도 대지 마세요.

단순한 햇빛을 받아들이세요.
샴스의 소매에 있는 작은 자수刺繡가 되세요.

* 주나이드는 영적인 절제를 강조한 수피교도였고, 베스타미는 영적인 마취상태를 강조한 수피교도였다.

# 홍수의 잔재

오늘의 맛은 어제의 맛이 아닙니다.
냄비는 계속 끓고 있습니다.

경비원이 사다리 아래를 향해 소리칩니다.
지난밤 칠층에서 있었던 소란한 소리를
들었나요?

토성이 금성을 향해
악기 줄을 더 부드럽게 튕기라고 말합니다.
황소자리 우유가 붉게 흐릅니다.
사자자리가 하늘로부터 도망칩니다.

이상한 징후들입니다.
말과 생각으로부터
우리를 탈출하도록 도와주는
영혼에서 나오는 단어 때문입니다.

나는 경비원에게 이렇게 대답합니다.
당신은 이 불길한 사건들에
의미를 부여해야 할 거요.

나는 잡고 잡히는 사냥으로부터
해방되어
순수하고 텅 빈
홍수의 잔재 속에서 쉬고 있습니다.

# 질문의 이해

어째서 영혼은 부르는 소리를 듣고도 날아가지 않나요?
해변 위의 물고기는 언제나 파도 소리를 향해 움직입니다.

매는 북소리를 듣고 사냥물을 가져옵니다.
어째서 모든 수도사가 햇빛 속에서 춤을 추지 않는 건가요?

당신은 우리를 탈출했습니다.
당신의 날개가 펼쳐졌습니다.
자, 날아가세요.

당신은 너무 오랫동안
헛간과 별채에서 잠을 잔 탓에
자신이 거기에서 산다고 생각합니다.

우리는 얼마나 오랫동안 아이들처럼
막대기와 깨진 도기 조각들을 모으며
그것들이 귀중한 것인 척 해야 하나요?

유년시절에서 벗어나세요.
진짜 인간들의 연회에 가세요.
문화적인 틀을 쪼개버리세요.
당신의 머리를 자루 밖으로 내놓으세요.

이 책을 오른 손으로 들고 있으세요.
당신은 왼쪽과 오른쪽을 구분할 정도로
충분히 나이가 들었습니까?

신이 맑음한테 말씀하십니다.
"걸어가라."
죽음한테 말씀하십니다.
"그들을 훈련시켜라."

영혼한테 말씀하십니다.
"보이지 않는 것 속으로 들어가
거기에 있는 것을 취하라.

더 이상 슬픔을 노래하지 마라.

답을 알고 질문을 이해했다고 소리쳐라."

# 술통 뚜껑

나는 나를 치료해줄 수 있는 분에게 가서 말합니다.
백 가지 문제가 있는데
그것들을 하나로 합할 수 있겠습니까?

나는 당신이 죽었다고 생각했습니다.
나는 죽었지만 당신의 향기를 맡자
다시 살아났습니다.

부드럽게 그의 손이 내 가슴에 와 닿습니다.
당신은 어느 부족 출신입니까?
이 부족입니다.

그는 나의 병을 치료하기 시작합니다.
내가 화를 내고 공격하면 그는 나에게 술을 줍니다.
나는 싸움을 그만둡니다.
나는 옷을 벗고 눕습니다.
나는 빙 둘러 노래하는 사람들 사이에서 노래를 합니다.

나는 소리를 지르고 컵들을 깹니다.
큰 항아리들도 깹니다.

어떤 사람들은 금송아지를 숭배합니다.
나는 사랑을 숭배하는 더러운 송아지입니다.

치유의 존재가
내가 숨어 있는 구멍으로부터
나를 불러냅니다.

나의 영혼이여,
내가 기민하거나 비틀거리거나, 당황하거나
나의 진정한 존재 속에 있다고 해도
이게 당신입니다.

때로는 매끈한 화살이고
때로는 닳아빠진 가죽 엄지보호대입니다.

당신은 나를
모든 것이 빙빙 도는 곳으로 데려갑니다.
당신이 술통의 뚜껑을 닫으니
절대 고요가 깃듭니다.

# 나는 어떤 상태일까요

나는 이것 말고는 직업이 없고
모든 장미와 가시를 만질 필요도 없습니다.

당신은 나의 눈을 통해 바라보고
나의 혀를 통해 맛을 봅니다.

왜 괴로움을 얘기하나요?
왜 무슨 일을 '하나요?'

당신이 왕의 식탁에서 아침식사를 할 때
점심에 대한 욕망은 없습니다.

나는 금욕의 실천에 대해
불평하거나 자랑하지 않습니다.

말로는 도움이 되지 않겠지만,
슬퍼할 게 아무것도 없다는 걸

내가 설명해드리겠습니다.

당신에게 이러한 무모함의 흔적이 전혀 없다면
당신의 상태에 대해 내게 말해주세요.

나는 내가 어떤 상태인지 말하는 방법을 잊어버렸습니다.
해가 이미 떠올라 비추고 있습니다.

우리가 잠을 자는 곳 위로
떠오르는 달에 대해
왜 굳이 묘사를 해야 하나요?

# 늙은 숙모와 숙부

내 어머니는 운명이었고
내 아버지는 은총이었습니다.
내 이름은 동시성과 횡재의 왕자입니다.

만약 내가 늑대를 만나면
늑대는 다정한 친구로 변합니다.
내가 우물 속으로 내려가면
우물은 정원이 됩니다.

무자비한 수전노가 나한테 오면
자신의 부를 나눠주기 시작합니다.
나한테 돈을 주지 마세요.
나한테는 향기로 조상彫像을 살아있게 만드는
스승이 있습니다.

그의 얼굴이 나타나면
당신의 늙은 숙모는 당신의 숙부를 떠나

결코 돌아오지 않을 것입니다.

나는 묻습니다.
당신이 이 이야기를 끝내고
설명해주겠습니까?

당신은 대답합니다.
그러지요.

# 당신의 첫 번째 눈

사랑하는 사람 안에는
네 개의 개울이 있습니다.
물과 술, 꿀과 젖.

당신에게서 그것들을 찾고
누가 무슨 말을 해도 신경 쓰지 마세요.

장미는 누군가가 자신을 가시나
재스민이라고 불러도 신경 쓰지 않습니다.
보통 사람들은 인간을 분류합니다.
저 사람은 조로아스터교도이고
이 사람은 이슬람교도라고 하면서.

그러지 말고 당신에게 주어진
첫 번째 눈을 갖고 걸어가세요.
곁눈질 하지 말고
독수리처럼 멍하게 쳐다보지 마세요.

불을 사랑하는 사람들은 불속에 떨어집니다.
파리는 가장자리에서 유장乳漿 속으로 떨어집니다.

당신이 영원함과 사랑에 빠져 있다면
어째서 빗물에 땅이 쓸려가는 걸 슬퍼하나요?

인간 안에 있는 본질에 경의를 표하세요.
사막은 전쟁—피를 마십니다.
그러나 그것이 이 비밀을 안다면
샘들이 솟구쳐 장미밭이 될 것입니다.

사람들을 좋고 나쁘다고 판단하는 것에
만족하지 마세요.
그런 것에서 빠져 나오세요.

# 존재 속의 개구리

당신이 떠난 후로
죽음이 우리를 안으로 끌어당깁니다.
물고기는 숨을 거둘 때까지
거친 모래 위에서 파닥입니다.

아직 살아있는 우리들에게는
무덤이
바다로 돌아가는 탈출구처럼 느껴집니다.

부분을 전체 속으로 끌어당기는 것은
작은 일이 아닙니다.

마호메트는 자신의 고향을 위해 울곤 했습니다.
자신이 어디에서 왔는지 모르는 아이들에게
이스탄불과 예멘은 똑같습니다.
그들에게 필요한 건 유모입니다.

동물들이 땅을 사랑하듯
별이 저녁하늘 초원 속으로
풀을 뜯으러 나갑니다.

눈을 감으면 이 시가 멈춥니다.
그러나 존재 깊숙이에 있는 개구리는
입을 다물고 있을 수 없습니다.
그가 숨을 쉬면 소리가 나옵니다.

마찬가지로 신비주의자는
숨을 쉴 때 튀어나오는 빛을
감출 수 없습니다.

이 순간이 되면
시나이 산이
너그러움으로 쪼개져 버린 것처럼
펜이 부러집니다.

# 목까지 잠기다

나는 불 속에 충분히 오래 앉아 있었습니다.
이제 나는 합일의 바다에 목까지 잠겨 있습니다.

당신은 말합니다.
목까지 잠기는 것만으로 충분하지 않으니
네 머리를 네 발로 만들고 사랑 속으로 내려가라.
'목까지'의 합일이라는 건 없다.

내가 말합니다.
당신의 정원이 없었다면
나는 목까지 피에 잠겨 앉아 있었을 겁니다.

당신은 말합니다.
그래, 너는 유혹의 세계는 피했다.
그러나 너 자신은 피하지 못했다.

너는 스스로의 속임수에 빠진 마술사이다.

자아의 숨결을 차단하고 침묵하라.

네가 질식해 밑으로 들어가면
너의 목에서 말이 나올 수가 없는 법이다.

# 더 이상 얘기하면

문이 활짝 열리자 지붕으로 갑니다.
나는 말합니다.
오늘밤 당신은 나의 도발적인 손님입니다.

당신은 말합니다.
나는 다른 곳에서 볼 일이 있어
지금 가야 된다.

딱 하룻밤만 계세요.

모든 인간은 나의 보호 하에 있느니라.

그럼 저를 죽여주세요.

예언자 이삭은 이 문간에서 희생되었어야 한다.
내가 칼을 가까이 댈 때 떨지 마라.
죽음이 너를 선택한 다음

설탕그릇 속으로 밀어 넣는 것이다.
당신은 바람처럼 떠납니다.
좀 천천히 떠나세요.

이것이 가장 느린 속도야.

흐릿한 하늘의 절름발이 말처럼 천천히 걸으세요.
저의 불길이 당신의 수풀에 닿게 해주세요.

이상 더 얘기하게 되면
나는 여기에 있지 않을 것이다.

# 물을 필요 없어요

달라고 안 해도 됩니다.
술을 가져온 사람이
다시 채워줄 겁니다.

당신은 달한테 하늘에 떠서
비춰달라고 요청합니까?

군인들이 계급장 없이
휴가를 나올 때

잃어버린 손이
구원의 손을 잡으려고 할 때

거울 옆 촛대에
촛불을 켤 때

당신의 존재가 내 영혼 속으로 들어옵니다.

# 나는 어떻게 될까요

가까이 오세요,
당신은 너무 나 같아요.
아파요? 하고 당신이 물을 때까지
나의 사랑은 붙들려 있는 느낌이에요.

사랑의 감정이 올라오는 걸 느끼면
나는 그 감정과 싸웁니다.
당신이 좋아! 라고 하면
장군이 지휘를 합니다.

지난 밤
이 몸은 사랑의 노래를
연주하는 현악기였습니다.

당신과 나 사이에는
일종의 회계가 진행되고 있습니다.

그러나 내가
이 거래에서 원하는 모든 것은
당신의 평화입니다.
나는 신비 속으로 날아 들어갑니다.
당신은 이렇게 말합니다.
나의 절름발이 친구여, 계속하세요.

여기에 늘어진 포도넝쿨이 있네요.
올라갈까요?

당신이 멀리 있으면
나는 비참해집니다.
당신이 항상 나와 같이 있기를 원하면
나는 어떻게 될까요?

슬픔과 예기치 않은 기쁨이
시간도 없고

거리도 없는 문간에 살고 있습니다.

나이를 먹으면 어린애가 됩니다.
나의 얼굴은 다시 새로워졌습니다.

당신은 말합니다.
나의 혼란스럽고 조용한 친구여.

# 베틀 북

가게는 무너지고 옷은 찢어진 채
연인들은 바다를 향해 곧장 달립니다.

그들은 다른 것으로는
그들을 치유하지 못할 것이라고 생각하지만
결코 거기에 다다르지 못합니다.

어째서 그들은
이미 그들의 것이 되어 있는 걸
즐길 수 없는 걸까요?
모든 아름다움은 신의 아름다움입니다.

그들은 자기 집이 없으면
요새를 차지하려고
비밀 군대처럼 기어오릅니다.
칠흑 같은 어둠 속에는
표지판도 없습니다.

연인들은 얼굴만을 본다고 우깁니다.
그렇다면 어디가 뒤이고 옆이고
발이고 다른 부위들입니까?
그들이 찾는 것은 형태가 없습니다.
오히려 그것은 형태의 근원입니다.

사랑하는 사람들은 형태가 될 때까지는
형태를 결코 초월하지 못할 것입니다.

몸 안에서 나오는 거대한 가슴의 소리에
사슴의 모습에서 나오는 사자의 포효 소리에
귀를 기울이십시오.

우리의 영혼은
베틀을 짤 때 앞뒤로
왔다 갔다 하는 베틀의 북입니다.

기도용 무릎방석은
베를 짜는 사람의 주소를 가리킵니다.
하늘은 거리 청소부입니다.
이 행성은 그의 아내입니다.

이제 사랑하는 사람은
오랫동안 여행을 하다가
내 집에 들른 손님입니다.
'안녕하세요'하고 인사하는 나의 소리는
상대를 살피면서
'후우우'하고 숨을 쉬는 그의 소리가 됩니다.

## 그림자

당신이 거울을 닦자
당신은 이제 그 안에서 빛납니다.

나는 어느 쪽을 보든
당신이 새겨진 모습을 봅니다.

태양은 내면의 태양에게 묻습니다.
당신을 언제 보지?
해가 질 때.

그러나 왜 이성은 내가
당신의 사랑에 빠지는 걸 막는 걸까요?
장엄함 안에서
이성적인 게 무슨 소용입니까?

세상에 있는 귀걸이만큼이나 많이
당신은 그 질문에 답변을 합니다.

당신도 질문을 합니다.
당신에게서 나한테 건네진
깨진 항아리 조각들은
하나하나가 금입니다.

매순간 부르는 소리가 들립니다.
누가 그러한 너그러움 안에서
비열한 걸 생각하겠습니까?

우리는 낮에는 수족—그림자처럼
당신의 나무를 들락날락 합니다.
밤에는 새벽을 기다립니다.

아담은 벌을 받으려고 서둘렀습니다.
벌은 일종의 재접속이었습니다.

당신을 향한 찬사의 마음으로 부푸는

내면의 바다가 있지만
나는 당신이 말하기를 바라면서
눈을 감습니다.

# 갈증

삼나무를 강하게 만들고
재스민을 재스민이게 하는 당신이여,
우리를 '친구'와 연결시켜주는
즐거움을 우리에게 주십시오.

그 자체로 하나의 길인
내면의 귀 기울임을 우리에게 주십시오.
가장 오래된 갈증이 거기에 있습니다.

그것을 컵으로 계량하지 마세요.
나는 물고기입니다.
당신은 달입니다.
당신은 나를 만질 수 없지만
당신의 빛은
내가 살고 있는 바다를 채울 수 있습니다.

# 나는 왜 이렇게 축복을 받았나요

당신은 계속 내 가슴에서 나와
모습을 드러내고
노래를 부르며
혼란스러운 이야기들을 합니다.

숨을 한 번 쉬면
우주가 소용돌이를 치며 태어납니다.
당신은 세상을 씻어줍니다.
당신은 내 손가락을 실로 단단히 감습니다.

그런데 왜 나는 집들이 털리고
향긋한 냄새가 나는 리넨을 도둑맞은
야곱과 욥이 옆에 있음에도
왜 이렇게 축복을 받은 것입니까?

마치 묘지가 정원이라도 되는 것처럼
당신은 행렬을 묘지로 안내합니다.

당신이 일어나 춤을 추라고 소리치면
그들은 춤을 춥니다.
이전에 죽은 사람이나 새롭게 죽은 사람이나
모두가 행복하게 다시 밖으로 나와 춤을 춥니다.
묘지는 휴일을 맞은 장터처럼 보입니다.

나는 환상적이고 영적으로 보이려고
이러한 얘기를 하는 게 아닙니다.
나는 말로는 표현할 수 없는 방식으로
이러한 것이 일어나는 것을 보았습니다.

과장된 말은 늘 시험해보세요.
누군가가 모든 것을 그만뒀다고 주장하면
그의 셔츠 뒤가 찢어져 있지 않은지 살펴보십시오.

말만 앞세우는 사람들에게
이제는 말 좀 그만 두고

사랑하는 사람이 느끼는 슬픔에
귀를 기울이라고 하십시오.
당신의 눈길에 가혹하십시오.
결국 당신이 찾는 것은 당신입니다.

# 더욱 더 공허 속으로

갑자기 나는 관람석에서 아래로 떨어집니다.
추함과 위선,
움푹 들어간 얼굴의 입술연지,
신장에 박힌 가시,
겨울을 위해 월계관을 들고 있는 장님 노파,
조각조각 찢긴 그녀의 검은 리본,
자주색이 감도는 그녀의 검은 눈,
그녀의 앙상한 다리에 있는 금 발찌가 보이는 곳으로
떨어집니다.

인형극은 매력적으로 보입니다.
그러나 장막 뒤로 가서
누가 그것을 조종하는지 보세요.

이러한 속임수로부터
당신의 손과 얼굴을 씻어내세요.
이러한 상품들을 원하는 사람은

나뭇조각처럼 후다닥 타오릅니다.

도와줄 수 있는 분이 있습니다.
비존재로부터 달콤한 입김의 공허함으로
바퀴를 돌리는 분이 있습니다.

말은 우리가 호흡을 불어넣고,
우리를 영零에서부터 점점 더 멀리 데려가는
정확한 음악적 기교로
강세와 음절을 계산하는 방법입니다.

# 담비의 우아함

기도소의 사자使者가
한밤중에 달빛처럼 조용하지만
우리의 잠을 태우는 횃불을 들고서
옵니다.

왕이 문지기의 문을 두드리고
웃으면서 모두를 식탁으로 안내합니다.

잔에 닿은 우리의 입술이 떨립니다.
수은 방울이 떨어질 때처럼 떨립니다.

주인의 부드러움은
담비의 우아함을 만든 것과 같습니다.

사랑의 메마름과 촉촉함,
그 눈물들은 물레방아가
돌아가면서 물을 들였다가

내보내는 것과 동일합니다.

모든 문을 여는 열쇠는
사랑의 가슴에 묶여 있습니다.
새는 완전히 으스러지고 조용해지면
덫으로부터 제거됩니다.

이렇게 조야한 겉모습들이
우리의 삶에 무슨 일이 일어나는지
말해주는 건 아닙니다.

우주는 다시 돌면서
우리 주변의 궤도 속으로 들어갑니다.
내가 당신을 찾는 건가요,
아니면 당신이 나를 찾는 건가요?
이건 잘못된 질문입니다.

내가 두 개의 대명사를 계속 사용하는 한
나는 그 사이에 있는
머리가 두 개인 존재입니다.
나의 개울에 있는 어떤 물은
빨리 흘러갑니다.
어떤 물은 둑 옆의 얼음 속에
얼은 채로 머물러 있습니다.

태양은 돌에게 말합니다.
내가 네 안에서 빛나
너의 중심을 루비로 바꾸게 하라.

무한한 사랑의 태양이
당신의 사랑 속으로 들어오면
당신에게는 더 낮은 일이 주어집니다.
거리 청소 같은 평범한 일이 주어집니다.
그러고 나서 당신에게 지배권이 주어집니다.

태양은 설익은 포도에게 말합니다.
네 안에는
식초를 만들 수도 있고
내 도움으로 달콤한 주스를 만들 수도 있는
부엌이 있다.

왕은 매에게 말합니다.
내가 너의 눈을 머리씌우개로 가리는 것은
네가 너와 같은 부류와 단절하고
내 얼굴만을 보도록 하기 위해서다.
매는 네, 하고 대답합니다.

장미는 정원에게 말합니다.
내가 이 옷들을 보여주는 것은
네가 다른 꽃들을 내보내고
장미 정원이 되게 하려는 것이다.

예수와 같이 있기 위해서
자신의 당나귀를 파는 사람을 상상해보세요.

이번에는 당나귀를 타기 위해서
예수를 파는 사람을 상상해보세요.
이런 일이 실제로 있습니다.

예수는 주정뱅이를 금으로 바꿀 수 있습니다.
주정뱅이가 이미 금이라면
그를 순수한 다이아몬드로 바꿀 수 있습니다.
이미 다이아몬드라면
목성, 금성, 달 같은 행성들로 바꿀 수 있습니다.

당신이 가치 없다고 생각하지 마십시오.
신은 당신을 위해 엄청난 금액을 지불했고
선물들이 계속 도착하고 있습니다.

말라버린 가지에 매달린 대추들,
요람에 있는 예수에게 찾아온 달콤한 빛.

이제 나의 얼굴은
이 세상의 목욕탕을 뜨겁게 달굽니다.
젖어 있는 벽화들을 보지 말고
여기를 보세요.

우리 안에는 낮이나 밤과 아무 관계가 없는
뭔가가 있습니다.
포도원을 결코 보지 못했던 포도들이 있습니다.
쿠란에는 이렇게 쓰여 있습니다.
'우리 모두는 돌아가고 있다.'
샴스를 즐기세요.
그렇게 할 수 없다면 적어도
정직한 사람들이 당신에게 얘기하는 것들을
생각해보세요.

# 말해지는 것들

새잡이여,
당신은 천과 연기煙氣로
덫을 숨깁니다.

당신은 전에 잡은 모든 새들의
정교한 깃털 무늬를 펼쳐 놓았습니다.

당신은 새들까지 훈련시켜 망을 보도록 했습니다.
그러나 나는 그들의 노랫소리에 숨겨진 것을 듣습니다.

당신이 원하는 새들은 목이 마른 상태입니다.
그래서 당신은 술통을 열고
그 향기가 우리를 유혹하게 만듭니다.

이것은 동방박사가 선물로 가져온 술이고
그들을 이끌었던 술 향기입니다.

당신이 특별히 원하는 것은 술고래도 아니고
잔을 다른 사람들에게 나르는 사람들도 아니고
밤의 방랑자들입니다.

이런 식으로 당신 가까이 오게 되는 것입니다.
빛의 물결이 검은 눈동자에 일렁입니다.
그리고 노인은 젊어집니다.

쿠란은 첫 구절들을 활짝 더 열어젖힙니다.
모든 인간의 마음 안에는 손이 있지만
갖고 쓸 것이 없습니다.

사랑은 안으로 더욱 더 들어갑니다.
언어는 혀에게 상큼한 크림이 됩니다.

모든 사건과 모든 존재의 본질은
봉오리이고

요람에 넣은 담요이며
다물린 입술입니다.

이러한 봉오리들은 꽃을 피울 것입니다.
그 순간 당신은 슬픔이 무엇이었는지
당신이 뿌린 씨가
얼마나 기적적이고 자연스럽게 자랐는지
알게 될 것입니다.

이제 침묵하세요.
말해진 것들 속에서
영혼이 말하게 하십시오.

# 가장 바라는 것

당신은 살아있는 골수입니다.
나머지는 건초입니다.
죽은 풀은 인간을 살지게 하지 않습니다.

당신이 여기에 없으면
우리가 느끼는 이 욕망에는
여행의 동반자가 없습니다.

해가 지면
영혼의 맑음도 희미해집니다.
백치 같은 언행과 실수들 말고는
아무것도 없습니다.
우리는 거의 다 죽어 생명이 없고
기진맥진합니다.

유한한 마음이
가장 되고 싶어 하는 것은

헤엄을 치는 영혼이 있는 바다입니다.
누구도 그걸 묘사할 수 없습니다.
이 말들은 '당신'에게 닿지 않습니다.

달을 묘사하는 은유들은
달에게는 아무 효과가 없습니다.

나의 영혼이여,
당신이 주인이고
모세이며
예수입니다.

어째서 내가 당신이 있는데
앞을 못 보는 상태로 있어야 합니까?
당신은 우물 바닥에 있는 요셉입니다.

계속 일을 해도 당신은 보수를 받지 않습니다.

당신이 하는 일이
놀이처럼 사소해 보이기 때문입니다.

이제 침묵하세요.
이 말들이
보이지 않는 것으로부터 영양분을 받지 않으면
공허한 상태로 있게 될 것입니다.
어째서 내가 내 친구들에게
음식이 담겨 있지 않은 그릇을 갖다 주겠습니까?

# 복종

오늘 우리는 당신을 다시 끌어당깁니다.
당신은 오지 않겠다고 맹세했지만
그 맹세를 깼습니다.
그런데 당신은 다시 한 번 그것을 지키려고 합니다.

당신은 우리에게 이 사랑을 줍니다.
넙치가 바다에 있지 않을 때
넙치를 넙치이게 하는 것은 바다입니다.

당신에게 끌린 사람은 어떻게 행동해야 하나요?
완전히 복종하는 것입니다.

당신은 그것이 놀라운가요?
이 침묵의 진주는 판매용이 아닙니다.

# 갈대피리의 일

나는 갈대 피리에게 이렇게 말합니다.
너는 일을 하지만
달콤한 비밀들도 알고 있지.

너는 '친구'의 숨결을 같이 나누잖아.
네가 나한테서 원하는 게 있을 수 있을까?

갈대가 대답합니다.
지식은 완전한 파괴를 위한 것입니다.

나는 대답합니다.
그렇다면 나를 완전히 태워
아무 지식도 남지 않게 해줘.

우리를 이끄는 게 지식인데
내가 어찌 그럴 수 있겠어요?

그러나 이 지식은 동정심을 잃고
스스로한테 혐오감을 느끼게 됐습니다.

그것은 침묵과 공허를 잊고 있습니다.
갈대 피리에는 아홉 개의 구멍이 있습니다.
아직도 입술과 사랑에 빠져 있지만
목이 잘린,
인간 의식의 모형입니다.

이것이,
이 신음소리가,
당신의 치욕입니다.
당신이 만드는 소리를 위해 우세요.

## 먼지

말을 탄 사람이 지나갑니다.
그가 지나가면서 일으킨 먼지가
공기 중에 떠 있습니다.
영원으로 통하는
이 입자들을 통해
이 길을 내려다보세요.

# 영혼의 출처

누가 이 영혼을 나에게 주었나요?
매의 눈을 가리듯 내 눈을 가렸다가
사냥을 하도록 곧 풀어주시는 분입니다.

# 깨어 있는 왕

눈은 뜨고 있지만
가슴은 닫혀 있는 사람들이 많습니다.
그들은 뭘 보는 걸까요?
물질입니다.

그러나 사랑에 민감한 사람은
눈이 잠을 자도
다른 수천 명을 깨우게 될 것입니다.

당신이 빛으로 가득한 연인들 중 하나가 아니라면
강렬한 육체적 욕망을 억제하십시오.
음식 양과 누워 있는 시간에
제한을 두십시오.

그러나 당신의 가슴이 깨어 있다면
오래, 그리고 곤히 자십시오.

당신의 영혼은 일곱 번째 하늘* 에서도
돌아다니며 일을 할 것입니다.

마호메트는 이렇게 말합니다.
나는 눈을 감고 자며 쉬지만
내 사랑은 휴식을 필요로 하지 않습니다.

문에 있는 보초가 졸아도
왕은 깨어 있습니다.

당신 안에는
영혼을 즐겁게 하려고
귀를 기울이는 왕이 있습니다.

왕의 깨어 있음은
시로 묘사할 수 없습니다.

---

* '시드라' 나무가 있는 일곱 번째 하늘.(쿠란 53장 16절)

# 열한 번째 감옥

아무도 신의 특성을 알지 못합니다.
우리는 그것의 효과나
그것에 관한 얘기를 통해 알 뿐입니다.

아이는 성性이 무엇인지 알고 싶어 합니다.
당신은 사탕처럼 달콤하다고 말할지 모르지만
그 답변에서 당신의 경험은 어디에 있습니까?

어떤 사람이 당신에게
예언자 노아를 아느냐고 물으면
당신은 예, 아니오라고 대답할 수 있습니다.
둘 다 맞거나 어느 쪽도 사실이 아닙니다.
어느 쪽도 거짓이 아닙니다.

나는 어렸을 때부터 노아에 대해 들었습니다.
그러나 예언적 인지가 있는 사람만이
예언자를 알 수 있습니다.

그것이 진실에 더 가까운 반응입니다.

한때 말도 안 되는 것처럼 보였던 것들이
이제는 명확합니다.
당신은 매번 더 커지는
열 개의 연속적인 감옥들로부터
풀려났습니다.

당신이 지금 서 있는 넓은 평원이
좁아지고 있는 걸 느낍니까?
똑같은 것을 거부하고 받아들이는 것이 가능합니다.

## 은총 속의 움직임

특정한 시간에 기도와 명상을 하고
금식을 하고 순례를 떠나는 것은
내적인 의지의 외적인 표현입니다.

자선을 행하고 질투하지 않는 것은
그것이 어떻게 우리 안에 있는지 말하는 방법입니다.

손님을 당신의 집에 맞아들여 음식을 대접하는 것은
'나는 당신과 아주 가깝다'라는 의미의 행동입니다.

어느 때든 어느 곳에 가서 기부를 하거나
기도할 시간을 갖는 것은
'내 안에 대단히 귀중한 보석이 있다'라는 의미입니다.

단식은 내게 허용된 것조차 먹지 않았다는 말입니다.
나는 관계가 아닌 관계를 갖지 않아야 합니다.
가난한 사람에게 베푸는 일은 재산을 나누겠다는 말입니다.

나는 다른 사람들의 것을 훔치지 않을 것입니다.

그러나 사냥꾼들은 새들을 덫으로 잡으려고
알곡을 던집니다.
고양이들은 단식을 하면서 곤히 잠든 척하지만
사실은 실눈을 뜨고 먹잇감을 노리고 있습니다.
그들은 자비라는 이름에 먹칠을 합니다.

그러나 구불구불하긴 해도
물은 위선자들마저도 씻어주려고
아르크투루스*에서 아래로 내려옵니다.

이곳에 있는 우리의 물이
오염되어도
최초의 물인 바다로 다시 돌아갑니다.

---

* 밤하늘에서 가장 밝은 다섯 개의 별 가운데 하나.

일 년 동안 별빛을 받은 후
물은 돌아와서 새 옷들을 쓸고 갑니다.

어디 갔다 왔냐고요?
순수의 바다에 있었습니다.
이제는 정화작업을 더 할 준비가 되어 있습니다.
나에게 당신의 악마들을 주세요.
내가 바다로 데려가겠습니다.

불순함이 없다면
물이 뭘 하겠습니까?
물은 얼굴을 씻고
다른 것들을 씻고
풀들이 자라게 하고
배를 띄워 다른 항구로 가게 하면서
영광을 보여줍니다.

모든 진주와 씨가 그러한 것처럼
바르는 약은 물에서 본질을 가져옵니다.

강은 그 약을 파는 가게이고
버림받은 자를 위한 음식이고
갇힌 자를 위한 움직임입니다.

강은 침적토沈積土와 부식의 무게 때문에
천천히 흐르면서 슬퍼하고 기도합니다.
주님, 당신이 저한테 주신 것을
저는 다른 사람들에게 주었습니다.
더 있으십니까?
더 주실 수 있으십니까?

그러면 구름들이 강물을 모아서
바다에 풀어 놓습니다.

우리는 종종
이것이 무슨 의미인지
기억을 새로이 할 필요가 있습니다.

주변과 섞이게 되면
영혼은 아프게 됩니다.
그것은 기도시간을 알리는 빌랄* 에게
우리를 소생시켜 달라고 외칩니다.
우리와 함께 나아가는 북을 쳐주세요.

몸이 기도를 할 때
영혼은 '가만히 있어, 친구'라고 말하고
잠시 떠납니다.

그리고 돌아오면

---

* 노예였다가 이슬람으로 개종하여 마호메트의 신망을 받고 최초로 기도시간을 알리는 역할을 맡은 인물.

당신은 더 이상 모래로 씻을 필요도 없고
기도용 방석이 어느 쪽으로 향해야 하는지
추측할 필요도 없습니다.

물은 우리가 어떻게 도움을 받는지에 관한 이야기입니다.
온욕은 우리에게 불에 들어갈 준비를 하게 합니다.
불도마뱀만이 매개물 없이 직접 들어갈 수 있습니다.
불도마뱀과 아브라함만이 그럴 수 있습니다.

우리 중 나머지는 물의 안내를 필요로 합니다.
만족감은 하느님에게서 옵니다.
그러나 거기에 도달하려면 당신은 빵을 먹어야 합니다.

아름다움은 현존에서 나옵니다.
그러나 육체를 가진 우리들이
그것을 느끼려면 정원에서 걸어야 합니다.

매개물인 몸이 가면
우리는 가슴에 살고 있는 빛을
직접 보게 될 것입니다.

물의 특징들은
우리가 어떻게 은총 안에서
움직이는지 보여줍니다.

# 무언의 실험

견과의 영혼, 그 이야기를 음미하려면
당신의 자아를 깨 열어보세요.

이 목소리들은 바깥 껍질에 부딪는
소리들입니다.

견과와 그 안의 기름은
다른 방식으로 들을 때만
들릴 수 있는 목소리들입니다.

견과의 달콤함,
내면의 이야기를 위해서가 아니라면
누가 견과를 흔들겠습니까?

우리가 말을 듣는 것은
다른 사람 속에 조용히
닿을 수 있도록 하려는 것입니다.

귀와 입이 조용해지도록 하세요.
그래야 이 맛이 입술로 올 수 있습니다.

우리는 너무 오랫동안 시를 읊고 얘기를 하고
너무 큰 소리로 신비로움을 설명하려고 했습니다.
이제는 무언의 실험을 해봅시다.

# 사람에게로 향하는 순례

가까운 친구들과 같이 있지 않으면
당신은 현존 안에 있는 게 아닙니다.

같이 여행하는 사람들을 떠나는 것은 슬픈 일입니다.
당신에게 신을 생각나게 하는 사람들을 떠나는 건
얼마나 더 슬픈 일이겠습니까.
당신을 보호하는 사람들에게로 어서 돌아가세요.

여행을 하는 유일한 목적은
현존 안의 친구들인 사람들을 만나기 위해서입니다.

집에 있을 때도 당신은 같은 목적이어야 합니다.
사람들 안에 사는
가장 깊숙한 현존을 만나는 것입니다.

인간 안에 있는 카바 사원의 순례자가 되세요.
그러면 메카는 저절로 보일 것입니다.

마호메트가 야간 여행에서 가장 원했던 것은
사랑하는 이의 얼굴을 보는 것이었습니다.
천사들과 다른 세계는 부차적이었습니다.

새로 들어온 젊은 학생이 집을 짓고 있습니다.
그의 스승이 지나가다가 묻습니다.
얘야, 너는 어째서 이 방향으로
창문을 내는 거니?

빛이 들어오게 하기 위해서입니다.

그것이 먼저가 되어선 안 된다.
창문을 향한 너의 깊은 욕망은
그것을 통해서 기도 시간을 알리는 소리를 듣는
텅 빈 열린 공간을 위해서야 한다.

# 한숨

다른 사람들이 사원에서 나오고 있을 때
어떤 사람이 사원에 들어갑니다.

그가 묻습니다. "왜 이렇게 일찍 가십니까?"
끝났습니다. 예언자께서 성찬식을 마치고
우리를 축복하셨습니다.

오오오오오오오오 . . . 오오오오오오

그의 마음이 불에 타는 모습이 거의 보일 것만 같습니다.
상처에서 연기 냄새가 느껴질 것만 같습니다.

신도들 중 하나가 말합니다.
당신이 나에게 그 한숨을 주면
나의 기도와 축복을 드릴 수 있습니다.

나는 당신에게 그걸 주고

당신이 예언자한테 했던 기도와
그가 당신에게 준 축복을 내 것으로 삼겠습니다.

다른 사람이 하느님을 향한 고통을 가져갑니다.
그 사람이 밤에 잘 때 목소리가 들립니다.
"잘 바꿨다.
너는 축복보다 진정한 슬픔을 원했다.
이제 모든 사람들의 기도가 받아들여졌다."

# 왕의 낙타

옥수수 밭을 지키는 아이가 있습니다.
그 아이는 작은 북을 치면서 새들을 쫓습니다.

거대한 군대를 거느린 왕이 근처에 진을 치고 있습니다.
그에게는 등에 큰 케틀드럼을 실은 크고 힘센 낙타와
대열 앞에서 북을 치며 사기를 북돋는 고수가 있습니다.

그 낙타가 소년의 옥수수 밭에 들어옵니다.
아이는 낙타를 향해 달리며
장난감 북을 치며 쫓아내려고 합니다.
현명한 사람이 충고합니다.
얘야, 신경 쓰지 마라.
저 낙타는 북소리에 익숙해 있단다.

사랑하는 이에게 온전히 헌신하는 사람은
죽음을 두려워할 필요도 없고
허세를 부릴 필요도 없습니다.

'나한테 오라. 나한테 오라.'

마호메트는 거대한 이익이 돌아올 거라고 확신하는 사람은
많은 투자를 하려고 한다는 걸 알았습니다.
내 생각도 그렇습니다.

우리는 활력이 넘치는 돈 주머니들을 갖고
세상에 앉아
어떤 것이 가장 큰 이익으로 돌아올지
궁금해 합니다.
우리는 지식, 성취, 사업, 기술, 다른 흥미로운 대상에
열중하게 됩니다.
그러다가 더 좋은 것을 보게 됩니다.

아이는 장난감 마차, 낙타와 인형을 갖고
놀기를 좋아합니다.
그러다가 크면 진짜 아이들을 낳습니다.

합일이 다가오면
감각인식과 상상력에 대한 관심이 줄어듭니다.

나에게는 이 비밀을 나눌 사람이 아무도 없습니다.
현존이 있을 뿐입니다.
나는 조용히 있을 것입니다.

우리가 있는 곳에서 눈이 녹고 있습니다.
하느님은 이미 그 모든 것을 사버리셨습니다.
아직도 우리에게는 진창길이
제시된 영혼의 값보다 더 좋은 것 같습니다.

당신한테는 새처럼 의심하는 마음이 있어
날고 싶어도 그리 되지 않을 것입니다.
날개를 파닥이며 날기를 흉내내어 보지만
당신의 몸은 움직이지 않습니다.
당신은 그것을 시험하기 전에 확실한 걸 원합니다.

지성은 확실한 걸 갈구합니다.
그런데 확실하다는 것은
상상과 직관을 필요로 합니다.

믿음과 상상 사이의 차이에 대해
쿠란 7장을 읽어보세요.

그래서 내가 마음속으로 편안하고
두려움으로부터 자유로워지는 겁니다.

나는 의견과 판단을 초월하여
죄의식에 마음이 산란해지지 않고
겁을 먹지도 않고
불확실하지도 않고
아주 맑은 눈으로
감사하는 마음으로
두려움 없이

집을 향해 꾸준히 굳세게 걸어가고 있습니다.

사막의 돌 노두露頭는 벽돌조각을 두려워하지 않습니다.
벽돌공의 기술이 벽돌을 만듭니다.
다른 기술은 사막의 바위를 단단하게 만듭니다.

도살업자는 양이 아무리 많아도
양을 두려워하지 않습니다.
예언자가 말합니다.
여러분 하나하나가 양치기입니다.
여러분은 양떼에 관한 질문을 받게 될 것입니다.

'친구'가 아직도 내 귀에 속삭이고 있습니다.
나는 당신에게 슬픔을 줍니다.
당신의 울음이
당신에게 해를 끼치려고 하는 사람들로부터
당신을 숨겨줍니다.

당신은 더 이상 볼 필요가 없습니다.
당신은 내 안에 누웠습니다.

당신이 하는 모든 것은 이 현존 안에서 일어납니다.
당신은 우리를
더 가깝게 만들기 위한 일을 생각해보려 하지만
당신은 이미 속절없이 나의 것입니다.

당신은 이렇게 움직이고 저렇게 움직입니다.
당신은 한숨을 쉽니다.
당신은 기다립니다.
나는 빙빙 도는 소용돌이, 그 시간 밖으로
당신을 들어 올릴 수 있습니다.
그러나 아직은 아닙니다.
여행이 어려워지면
휴식을 취하는 곳이 더 감미롭게 느껴집니다.

한동안 망명생활을 하세요.
그래서 집으로 돌아가는 궁극적인 기쁨이
더 커지게 하세요.

북을 치는 걸 멈추고
옥수수 밭을 배회하는 왕의 낙타를
조용히 따라가는 아이처럼
나도 그렇답니다.

# 죽어가는 개

개가 도로에서 죽어가고 있습니다.
남자가 그 옆에서 울고 있습니다.
거지가 지나갑니다.

왜 우는 겁니까?
이 개는 나를 위해 사냥을 해줬어요.
밤에는 나를 지켜줬고요.
도둑을 쫓은 것도 여러 번이죠.

그런데 뭐가 잘못된 겁니까?
배고파서 몸이 약해진 겁니다.

그 자루에는 뭐가 들었나요?
음식으로 가득한 것 같네요.

지난밤에 먹고 남은 겁니다.
나중에 먹으려고요.

개한테 조금 주세요.
나는 개에게 이 눈물을 대신 줍니다.
눈물은 더 쉽거든요.
음식을 사려면 어렵게 번 돈을 써야 하니까요.

거지는 그 사람에게 욕을 하고 떠납니다.
거지의 말이 맞습니다.
그 남자의 가치는 거꾸로 되었습니다.
눈물은 돈보다 더 가치가 있습니다.
눈물은 물로 증류된 피입니다.

너무 변화하고 싶어 울면서
따뜻한 친절과 자유 속으로 녹아드는
사람들을 유심히 살피세요.

# 붓놀림

아담은 이렇게 말했습니다.
'우리는 우리 자신에게 이 끔찍한 짓을 했습니다.'
그는 하느님이 거기에 부분적인 역할을 했다고는 하지 않았습니다.

아담아, 너는 고백을 할 때
어째서 내가 모든 행동을
궁극적으로 통제하고 있다는 것을
인정하지 않았느냐?

두려웠습니다.
무례해 보이고 싶지 않았습니다.

하느님이 답변합니다.
나도 너를 무척 존중한단다.
존중하는 이는 누구나 존중받는 법이다.

네가 아몬드를 가져오면

너는 아몬드 케이크를 받을 것이다.
너는 '좋은 사람은 좋은 사람을 알아본다'는 속담을 알고 있겠지.
네 친구들을 존경하고 무슨 일이 생기는지 보아라.

내가 너한테
스스로 무슨 일을 하는 것과 의무적으로 하는 것 사이의
차이를 알려주는 얘기를 하나 해주마.

중풍에 걸려 떠는 손을 생각해보아라.
이번에는 네가 밀어냈기 때문에
떨고 있는 아이의 손을 상상해보아라.

너는 아이를 두렵게 만든 것에 대해 수치심을 느낀다.
그러나 노인이 자신의 손이 떨리는 것에 죄의식을 느끼더냐?
이건 다 쓸데없는 지적인 말장난이다.

갈망과 영혼에 일어나는 문제는 다른 거다.

깨달음이 오면
논리적으로 그 다음에 오거나 모순처럼 보이는 것은
더 이상 생각할 필요가 없게 된다.

새벽이 온다.
'증거' 어쩌고저쩌고 하는 것은
장님이 해가 뜨는 걸 향해
지팡이를 지켜드는 것과 같은 거다.

'네가 어디에 있든 우리가 너와 함께 있다'는 말을
기억하여라.

그것으로 다시 돌아와라.
우리가 언제 그것을 떠난 적이 있느냐?

우리가 아무리 지혜의 연회를 잊거나
또 즐기더라도

우리는 늘 현존 안에 있다.

술에 취해 잠을 자든
부드럽게 잠에서 깨든
슬픔에 잠겨 있든
번개처럼 웃든
전쟁에 분노하든
고마움에 할 말을 잃든
우리는 이 변화무쌍한 기후에서 아무것도 아니다.
현존에 대해 얘기하는 거대한 붓놀림이 있을 뿐이다.

그래서 대사는 오마르에게 이렇게 묻는다.
어째서 영혼이 이 혼란스러운 몸속으로 들어오는 겁니까?

진짜 질문을 했군요.
그 질문 안에 답이 있습니다.

당신이 말을 하는 것은
영혼이 몸에 들어가는 것과 같습니다.
당신은 의미 있는 음을
만들어내는 것의 가치에 대해 알고 있습니다.

당신의 육체는
의미를 만드는 일련의 말들과 같습니다.
영혼을 육체로부터 구분한다고
눈을 가늘게 뜨고 얼굴을 찡그리지 마십시오.
언어가 당신에게서 흘러나오는 것처럼
근원으로부터 당신이 계속 흘러나오는 것에 감사하세요.

새총 안에 든 돌처럼
시는 의미를 느슨하게 담고 있습니다.
우리는 돌을 날립니다.
나머지는 누구도 통제할 수 없습니다.

대사는 오마르의 이야기를 듣고
위엄을 갖추게 되었습니다.
땅에 묻힌 씨앗은 비밀리에 움을 틔우고
열매가 되기 시작합니다.

빵은 위속에서 녹아
의식을 향해 가기 시작합니다.
양초밀랍은 빛으로 바뀝니다.

거대한 기쁨이 자아로부터 해방되어
현존의 움직이는 강에 합류합니다.

예언적인 상태에 대해 읽고
당신의 영혼이 감금 상태에서
쉬지 못하게 하십시오.

탈출한 사람들 가까이 머무세요.

사람들을 박수치게 만드는 아무것도 하지 마십시오.
그것은 우리의 문을 더 굳게 닫히게 만듭니다.

# 첫 요리는 거절하세요

당신이 기름진 음식에서
더 아름답고 고귀한 음식으로 옮겨갈 때
생기는 구원이 있습니다.

한 음식은 가스가 차게 만들고
설사를 유발하고 배를 더부룩하게 합니다.

다른 음식은 바다 위를 미끄러지는 것처럼
당신을 가볍게 만듭니다.

단식하십시오.
그리고 다음에 오는 것을 지켜보십시오.
물질적으로 꽉 찬 사람은
다음에 나오는 요리에 민감하지 못합니다.

주어지는 걸 매번 먹지 마세요.
위엄을 잃지 마세요.

첫 번째 요리는 거절하세요.

기다리면 주인이 더 좋은 음식을 내올 것입니다.

새벽이 오면서 붉어졌다가

황금빛으로 변하는

어둠 속의 큰 산처럼

고개를 드세요.

# 요통

마호메트가 친구의 병문안을 갔습니다.
그러한 친절은 더 많은 친절을 불러옵니다.
어디까지 확산될지는 아무도 모를 일입니다.

그 사람은 죽어가고 있었습니다.
마호메트는 얼굴을 가까이 대고
그에게 입맞춤을 했습니다.

그의 친구가 살아나기 시작했습니다.
마호메트의 방문이
그를 다시 태어나게 했습니다.
그는 그러한 빛을 가져다 준 병이
고마워지기 시작했습니다.

밤에 그를 깨어 있게 했던 요통도
고마웠습니다.

이러한 경이로움이 세상을 걸어 다니는데
들소처럼 코를 골며 잘 필요는 없습니다.

고통에는 가치가 있습니다.
손님이 없으면 그것을 보는 게 어려울 뿐입니다.

가을에 대해 불평하지 마세요.
좋은 친구처럼 슬픔과 더불어 걸으세요.
그가 말하는 것에 귀를 기울이세요.

때때로 동굴의 차가움과 어두움이
우리가 가장 바라는 기회를 주기도 합니다.

# 두려움의 가치

맷돌을 돌리는 당나귀는
참깨에서 기름을 짜려고 하는 게 아닙니다.

방금 맞은 매로부터 달아나고
다음 번 매를 피하기를 바랄 뿐입니다.

같은 이유에서 소는 당신이 원하는 곳으로
짐을 싣고 갑니다.

가게주인들은 상호적인 교환의 흐름을 위해서가 아니라
스스로를 위해 일합니다.

우리 모두는 고통을 완화시키려고 합니다.
이것이 문명을 앞으로 나아가게 합니다.

신은 두려움을 이곳의 건축가로 만들었습니다.
두려움은 우리를 방주 가까이에서 일하게 합니다.

영혼을 말살하는 많은 홍수들이 있었습니다.
많은 방주들이 있었고
많은 노아들이 있었습니다.

어떤 사람들은 안전한 항구입니다.
그들과 친구가 되세요.

다른 사람들은 친구로 보일지 모르지만
사실은 과즙음료를 핥아먹은 당나귀처럼
당신의 본질을 소진시킵니다.

그들로부터 떨어져 유연성이 돌아오는 걸 느껴보세요.
당신으로 하여금 바구니 손잡이를 향해
몸을 굽히게 만드는 내부의 습기는
아무도 두려워하지 않는 활발한 내면입니다.

그러나 때로는 당신을
현존으로 이끄는 것은 두려움입니다.

# 도시 친구와 시골 친구

두 친구가 있습니다.
하나는 도시에 살고
다른 하나는 시골에 삽니다.

시골에 사는 친구는 도시에 올 때마다
도시 친구가 사는 거리에 천막을 세웁니다.
도시 친구는 두세 달 동안
모든 것을 제공합니다.
그의 환대는 완전하고 자유롭게 주어집니다.

그는 시골 친구에게 언제든
자신의 가게에 오라고 초대합니다.
그는 매일 아침저녁으로 친구를
식사에 초대합니다.

이런 일이 몇 년 동안 계속됩니다.
시골 친구는 늘 이렇게 말합니다.

언제 올 거야?
휴가를 내. 아이들도 데려와.
우리한테는 봄이면 아주 아름다워지는 정원이 있어.
아니면 과일이 익는 여름에 와.
원하는 만큼 친지들을 데리고 와.
서너 달 묵을 생각하고 와.
흙을 갈아 젖혀 파종을 한 들판이 보이고
아네모네가 흐드러지게 피는
늦은 봄이 가장 아름답지.

도시 친구는 이런 저런 이유로 미루기만 합니다.
다른 곳에 사는 손님이 오기로 돼 있어.
그래서 여기 있어야 하네. 아마 내년이라면…

그는 8년 동안 일 때문에
여행을 하지 못하게 됩니다.
매년 시골친구는 황새처럼

도시 친구의 둥지로 돌아옵니다.

매번 도시 친구는 팔을 벌려 환영을 하지만
답방을 하지 못하는 이유를 매번 댑니다.

나도 가고 싶어.
그런데 시간이 맞아야지.
나는 언제 어디로 움직일지
말해주기를 기다리는 돛이라네.

십 년이 지나갑니다.
시골 친구는 계속 쉬어가면서 살라고 얘기합니다.
마침내 도시 친구는 이 충고를 듣습니다.
너무 자주 들은 탓에 그것이
그의 중심인 영혼으로부터 그를 분리시킵니다.

우리가 살면서 하는 것들은 놀이가 아닙니다.

우리는 쉬면서 즐기려고 여기에 있는 게 아닙니다.

아무리 그것이 해가 없게 보여도
당신을 '친구'로부터 떼어내는 아무 짓도 하지 마십시오.

마호메트가 언젠가 사원에서 기도를 하고 있을 때
아주 좋은 가격의 밀을 실은 배가 왔다는 소식이 전해졌습니다.

마호메트와 다른 세 사람만 남고 모두가 사원을 떠났습니다.
하느님은 떠난 사람들을 꾸짖었습니다.
너희들한테는 빵이 예언자와의 친교보다 더 중요하느냐?
너희들은 밀 때문에 밀을 보낸 이를 떠나느냐?

밀에서 뭔가를 배우세요.
어떻게 씨가 땅 속으로 들어가서 움을 틔우고
새롭게 올라오는지를 보세요.

마찬가지로 햇빛과 비는 우리에게 들어와
하느님에게 돌아가는 인간의 의식이 됩니다.

어떤 충동들은 그렇게 하지 못하도록
우리의 주의를 흩뜨립니다.
그런 것들 중 하나가 도시 친구를 시골로 유도합니다.

그의 친구들과 친척들은
목초지가 얼마나 무성할지 상상하며
흥분합니다.

어떤 걸 기대하는 것은
우리의 마음을 분산시킵니다.

현재의 기쁨에 머무르세요.
길은 보통 아래로 향합니다.
겸손함과 슬픔을 통해 합일로 가는 것입니다.

그 중심은 흐르는 샘물이고
사랑이고
맑음입니다.

여기에서 '시골'은 동물적인 쾌락을 찾아 헤매는
어리석음을 의미합니다.

'도시'는 목적을 가진 기다림이고
멋진 인내이고 초점입니다.

사람들은 기대감에 부풀어
한 달 동안 여행을 해
시골집에 도착합니다.
그런데 문이 잠겨 있습니다.

도시 친구는 화를 내며 소리를 지릅니다.
시골 친구가 문을 엽니다.

누구요? 나는 당신을 본 적이 없소.

당신은 몇 년 동안 나와 같이 식사를 했잖소.

헛소리 마시오. 저리 가시오.

그들은 나흘 밤을
이런 식으로 보냈습니다.
닷새째가 되던 날 밤에 비가 내립니다.
좋소. 내가 당신과 아무 관계도 없다고 할 테니
우리가 비를 피할 곳을 마련해주시오.

포도밭에 작은 헛간이 있소.
늑대들이 포도를 먹는 통에
일꾼들이 때때로 잠을 자는 곳이니
거기로 가서 자시오.

도시 친구와 그의 가족은
동굴 구석으로 몰려 들어가는 메뚜기들처럼
헛간으로 들어갑니다.

아무도 쉴 수 없고
무슨 일이 일어나는지 알 수도 없습니다.

당신이 삶을 도시의 중심에서 떼어내
내면적인 빛의 사랑이 없는 자들과 친구가 되면
당신의 삶은 이런 모습일 것입니다.

# 관계 속으로

떠돌지 말고
당신의 가족과 같이 머무십시오.

당신이 달의 호弧라면
완전한 운행주기를 따라 사십시오.

어째서 부분이 전체한테
부끄러워해야 합니까?
당신에게는 칭찬이 필요합니까?
거짓말을 해주기를 바랍니까?

속屬이 가지를 뻗고 종種이 되듯
보이지 않는 것이 여기에 옵니다.

그것은 계속적인 자연 현상입니다.
그러나 당신은 달콤한 말을 들으며
관계 속으로 들어가기를 원합니다.

왕-영혼이 당신의 뺨을 때려서
깨우는 편이 더 좋을 것입니다.

규율을 피하지 마십시오.
당신은 자신의 몸을 위해
먹고 사는 법들을 배웠습니다.
이제 당신의 영혼을 부양하는
방법을 배우십시오.
당신은 좋은 옷을 입고 있습니다.
그런데 영혼에는 어떤 옷을 입힐 것입니까?

이 세상은 아이들이 자기 가게들을
갖고 있는 척하는 운동장입니다.

때때로 그들이 씨름을 할 때
그것이 성행위처럼 보일 수 있겠지만
어느 것도 실재가 아닙니다.

그들은 상상의 돈을 교환합니다.

그런데 밤이 오면 피곤해져

빈손으로 집에 갑니다.

# 암시

하느님이 마호메트에게 말했습니다.
위선자를 가려낼 확실한 방법이 하나 있다.
그가 어떻게 말하는지를 들어보아라.
얼굴이나 몸보다는 어조와 특이한 발성이
그에 관해 더 많은 것을 말해줄 것이다.

위선자의 목소리는
깨진 항아리를 두드릴 때 나는 소리다.

누가 오는지를 알리는 기병대의 삼각기처럼,
동명사의 형태를 결정하는 약동사처럼.

성실성의 문제는 내게
하루트와 마루트*에 관한 이야기를 생각나게 합니다.

---

* 쿠란에 나오는 두 천사.

우리는 그들에 관한 이야기를 부분적으로 했지만
거기에는 천 가지 다양한 면들이 있습니다.
우리는 한 번에 하나씩만 얘기할 뿐입니다.

나는 총체적인 진실을 얘기하고 싶지만
자꾸 옆길로 샙니다.

나는 다시 한 번
코끼리의 한 면만 얘기하려고 합니다.

후삼, 내가 당신의 얼굴에 빠진 것처럼
하루트와 마루트는 자신들이 어떻게
현존 속으로 끌리게 되었는지
궁금해 하고 있었습니다.

목을 조여오는 올가미로부터 풀려나
연인들처럼 신음을 하며

지푸라기처럼 공중에 내던져진 그들은
그들을 기다리고 있는 매복을
더 이상 볼 수 없습니다.
그 상태에서는
아가리를 드러낸 구멍과 목초지는 똑같아 보입니다.
그들은 다른 사람들이 어떻게
하느님으로부터 갈라졌는지 분명히 봅니다.

그들은 하늘의 격자格子를 통해 내려다보지만
자신들의 오만함을 볼 수는 없습니다.

하느님이 말합니다.
거드름을 피우지 말라.
네가 성적인 욕구로부터 자유롭다고
스스로를 해방시켰다고 생각하지 말라.
평온이 찾아오면 그것에 감사해라.
상황이 바뀔 것이다.

깨달음은 우리가 하는 것 때문에
오는 게 아닙니다.

마호메트의 계시들을 적은 필기사는
그것이 자신에게서 나오는 것이라고
생각하기 시작했습니다.

당신은 새의 울음소리를 흉내내는 법을
익힐 수는 있겠지만
나이팅게일이 장미를 향해 느끼는 감정을 '느낍니까'?

당신은 어렴풋이 알 뿐입니다.
귀 먹은 사람들이 사람들의 입술을 보고
무슨 말을 하는지 추측하듯이.

# 아야즈와 서른 명의 신하들

신하들은 아야즈*를 질투합니다.
어째서 그는 우리보다 삼십 배를 더 갖습니까?
그들은 이렇게 말하면서 왕을 괴롭힙니다.

왕은 대답하지 않지만
곧 그들과 같이
사막의 산으로 사냥을 나갑니다.

왕은 멀리 있는 대상隊商의 행렬을 봅니다.
그들이 어디에서 오는지 알아보아라.

신하 중 하나가 갑니다.
라이에서 왔답니다.
어디로 간다고 하더냐?
그는 알지 못합니다.

---

* 마무드 왕이 총애하던 조신.

왕은 다른 하인에게 가서 물어보라고 합니다.
그는 시키는 대로 합니다.
예멘으로 간다고 합니다.

뭘 가지고 가더냐?
그는 알지 못합니다.
왕은 다른 신하에게 말합니다.
가서 물어보아라.

다양한 종류의 상품들을 갖고 있습니다.
대부분은 라이에서 만들어진 은컵들입니다.

얼마나 오랫동안 여행을 했다더냐?
아무 대답이 없습니다.
이런 일이 서른 명의 신하들을 보낼 때까지 계속됩니다.

그러자 왕이 이야기를 합니다.

내가 어느 날 아야즈를 보내 대상에 대해 알아오게 했다.
그는 이 모든 질문들에 대한 답을 가지고 돌아왔다.

나는 그에게 하나하나 물을 필요가 없었다.
그는 호기심이 많아
자연스럽게 그런 것들을 알아서 갖고 돌아왔다.

그러자 하인들이 말합니다.
하지만 이것은 그가 선택한 것이 아니라
하느님이 주신 성격입니다.

왕이 말합니다.
그렇지 않다.
인간이 선택할 수 있는 것에는 여러 가지가 있다.
이것은 그의 안에 있는 것이다.
운명이라는 것이 있긴 하지만
개인적인 자유를 부인하지 마라.

내가 마법을 연구하기 위해
모술에 있는 시장에 가야 하는가,
아니면 바빌론에 가야 하는가?

누군가가 살인을 저지르면
복수를 당하게 된다.

누군가가 술을 마시면
다른 사람에게 두통이 생기느냐?

너희들의 게으름에 책임을 지라.
마음이 약한 것은 너희들 스스로의 탓이었다.

그것을 거둬들이고
너희들 안에 있는 씨앗 속으로
거슬러 올라가라.

너희들 특유의 존재에서 태어난 행동은
너희들의 겁먹은 아이처럼
너희들의 발에 달라붙는다.
아이는 자신이 누구한테 속하는지를 아는 법이다.

# 경전의 우물

경전의 우물 속으로 떨어지지 마시오.
계속 움직이려면 말을 하시오.

수많은 사람들이 쿠란과 성서 속에 갇혀
밧줄에 매달리고 있습니다.

그건 밧줄의 잘못이 아닙니다.
우물의 밧줄이 당신을 끌어내도록 놔두세요.
그리고 우물의 밧줄이 내려가게 놔두세요.

손님을 죽이는 사원에서
야간경비를 섰던 사람 얘기를 기억하시나요?
그는 포기하고 싶었습니다.

그는 말했습니다.
저는 할라즈가 했던 밧줄 곡예를 하고
집으로 돌아가겠습니다.

저는 침향沈香처럼 타고 있을 때가 더 좋습니다.
저는 향기가 되고 싶습니다.
저를 불길에서 구해주지 마세요.
그의 말이 맞았습니다.

점점 더 많은 것을 원하는
우리 중의 동물적인 부분은
타올랐다가 죽고
먹다가 잠을 잡니다.

그러한 변화 안에는
근원으로 돌아가는 기쁨으로
늘 떨고 있는 본질이 있습니다.

그 빛 속에 사십시오.
그림자는 줄어들거나 길어집니다.
빛은 똑같은 상태로 있으면서

그림자를 드리우는 사람입니다.

그런데 어떤 장난꾸러기가 입을 벌리고
마구간 밖으로 머리를 내밀고
우리가 천하게 생각하는 말을
큰 소리로 내뱉고 있습니다.

조용히 하세요.
하느님이 결정하실 테니까요.

## 바다 같은 사랑

하느님은 당신의 사랑이
거대한 것의 일부라는 것을 깨닫고
전체와 더불어 움직이기 시작할 때 기뻐하십니다.

더 큰 사랑이 더 진짜입니다.
그것 자체가 현실이니까요.
대지와 물이 섞인 이러한 형태 말입니다.
당신은 말합니다.
그렇지만 나한테는 이미 깊은 사랑이 있습니다.

깊지도 않고 충분히 넓지도 않습니다.
침니沈泥로 채워진 강물에 더 가깝습니다.
당신의 손을 그곳에서 씻지 마세요.

당신이 들어가야 하는 사랑은
성인들과 예언자들 속에 살고 있습니다.
그것은 이미 바다입니다.

그러나 대부분의 사랑은 아직도
시골을 거쳐 흐르는 걸 즐깁니다.

바다는 말합니다.
깨끗해지려면 가장하지 마세요.
가장을 하면 내가 당신에게 줄 수 있는 것을
받을 수 없게 됩니다.

당신의 물은 바다에 닿기를 원하지만
풍경이 그것을 계속 붙들고 있습니다.

당신이 발을 떨쳐낼 수 있으면
대지는 완전히 마를 것이고
바닷물은 완전히 자유로워질 것입니다.

그러나 후식과 희석되지 않은 술은
당신을 젖은 땅 속으로 돌려놓아

흠뻑 젖게 만들 것입니다.

부와 권력, 더 맛있는 음식에 대한 갈망이
당신을 취하게 만들었습니다.

원하는 것을 가질 수 없을 때 두통이 생깁니다.
숙취로 남은 실망감은 당신을 취하게 만든 것이
욕망이었다는 증거입니다.

신중함이 욕망의 강렬함을
지배하게 하십시오.

당신은 이렇게 말합니다.
나는 이런 도움은 필요 없어요.
나는 이미 하느님과 하나거든요.

그것은 지하수가

바닷물의 조류와 함께 움직인다고
우기는 것과 같습니다.
아직은 아닙니다.
순수한 사랑을 가진 사람들과 함께 지내세요.

우유와 꿀의 맛은 그게 아닙니다.
달콤함을 주는 것을 대신 사랑하세요.

이 세상은 바다 같은 사랑의 엷은 그림자입니다.
빛의 바다는 개별적인 인간 안에 담길 수 없습니다.
그러니 파편적인 것들은 놓아두고 산이 되십시오.

당신은 태어나면서
모든 사람을 아낌없이 축복하면서
창조를 확산시킬 것입니다.

앞치마를 내밀어

현존 속의 존재와 함께 오는 것을 받으십시오.

돌을 모으면서 천을 찢지 마십시오.
부드러운 옛 동전들, 은전과 금전을
기다리십시오.
아이들처럼 돌이 값진 것이라고
'가장하지' 마십시오.

앞으로 내민 앞치마가 당신의 정직함이 되게 하고
머리가 희끗희끗한 선생을 찾으려고 안달하지 마십시오.

바다 같은 사랑과 합치되는 것은
나이나 머리 색깔과 아무 관련이 없습니다.

# 술

신이 우리에게 너무 강력한 검은 술을 주셔서
그것을 마시면 우리는 두 세계를 떠납니다.

신은 해쉬쉬* 속에
그것을 맛보는 사람을 자의식으로부터
해방시키는 힘을 불어넣으셨습니다.

신은 잠을 만들어
모든 생각을 지워버립니다.

신은 마즈눈이 라일라**를 너무 사랑하게 만들어
그녀가 기르는 개조차도 그의 마음을 혼란스럽게 만듭니다.

우리의 마음을 사로잡을 수 있는

---

* 인도 대마초 꽃봉오리로 만든 마약.

** 마즈눈, 라일라는 아랍, 페르시아, 터키 등에서 "로미오와 줄리엣"에 해당하는 비극적 사랑의 주인공임.

수 천 가지 술들이 있습니다.

모든 황홀경이
똑같다고 생각하지 마세요.

예수는 신에 대한 사랑에 취했습니다.
그의 당나귀는 보리에 취했습니다.

다른 항아리에서 마시지 말고
성인들의 현존에서 마십시오.

모든 물체,
모든 존재는
즐거움으로 가득한 항아리입니다.

감식가가 되어
신중하게 맛을 보세요.

어떤 술도 당신을 높게 만들 것입니다.
왕처럼 판단하고
두려움이나 필요에 대한 절박감에 오염되지 않은
가장 순수한 것을 택하시오.

묶어놓지 않을 때 낙타가 어슬렁거리기만 하는 것처럼
당신을 움직이는 술을 마시세요.

# 우리 안에 있으니

연인들은 자기들이 서로를 찾고 있다고 생각합니다.
그러나 찾는 것은 하나일 뿐입니다.
이 세계를 떠도는 것은 저 세계를 떠도는 것입니다.

양쪽 다 투명한 하늘 안에서 있는 것입니다.
여기에는 교리도 없고 이단도 없습니다.

예수의 기적은
미래에 관해 말했거나 행했던 것이 아니라
그 자신입니다.
미래는 잊어버리세요.
나는 그렇게 할 수 있는 사람을 섬기겠습니다.

당신은 가는 길에 뒤돌아보고 싶어 할 수도
그렇지 않을 수도 있습니다.
그러나 당신이 '앞에 아무것도 없다'라고 말할 수 있다면
거기에는 아무것도 없을 것입니다.

팔을 뻗어 두 손으로
당신의 옷을 잡으세요.
고통에 대한 치유는 고통 속에 있습니다.
선한 것과 나쁜 것이 섞여 있습니다.
만약 둘 다 갖고 있지 않으면
당신은 우리와 같은 부류가 아닙니다.

우리 중 하나가 길을 잃어 여기에 없으면
그는 우리 안에 있는 게 분명합니다.
이 세상 어디에도 그런 곳은 없습니다.

# 이 무늬를 당신의 양탄자에

영적인 경험은 남자를 사랑스럽게 바라보는
조신한 여자와 같습니다.

그것은 오리들이 행복하게 살고
까마귀들이 빠져 죽는 거대한 강입니다.

눈에 보이는 그릇에는
영양분을 주면서 동시에 가슴앓이의 근원이 되는
음식이 담겨 있습니다.

선물을 주는 것은
우리가 존경하는 보이지 않는 분입니다.

당신은 물입니다.
우리는 맷돌입니다.
당신은 바람입니다.
우리는 바람에 날려 올라간 먼지입니다.

당신은 영혼입니다.
우리는 손을 폈다 오므렸다 하는 것입니다.
당신은 명료함입니다.

우리는 그것을 말하려고 하는 이 언어입니다.
당신은 기쁨입니다.
우리는 다른 종류의 온갖 웃음입니다.

맷돌을 돌리는 것이
강에 대한 믿음을 설명해주는 것처럼
어떤 움직임이나 소리는 믿음의 고백입니다!
어떤 은유도 이것을 말할 수 없습니다.

그러나 나는 아름다움을 가리키지 않을 수 없습니다.
모든 순간과 장소는 이렇게 말합니다.
"당신의 양탄자에 이 무늬를 넣으시오!"

## 시작

이건 지금입니다.
지금은 존재합니다.
그때까지 미루지 마십시오.
쇠의 불꽃을 돌에다 쓰십시오.
식탁 상석에 앉으십시오.
당신의 숟가락을 밥그릇에 넣으십시오.

당신의 깨어난 영혼이
당신의 기쁨 옆에 앉아서
술을 따르게 하십시오.
봄바람에 흔들리는 가지,
재스민과 삼나무의 편안한 춤.
녹색 옷을 위한 천은
순수한 부재에서 잘라낸 것입니다.
당신은 가게의 물건들 사이에 앉아
조용히 바느질을 하는 재봉사입니다.

## 우리는 음악입니다

당신은 겨울이 끝났다는 얘기를 들었습니까?
바질과 카네이션은
웃음을 참을 수 없습니다.
떠돌다가 돌아온 나이팅게일은
모든 새들에게 노래 선생이 되었습니다.

나무들은 손을 뻗어
축하의 말을 건넵니다.
영혼은 춤을 추며 왕의 문간을 지납니다.
아네모네는 장미가 벌거벗은 걸 보고
얼굴을 붉힙니다.
유일하게 공정한 재판관인 봄은
법정을 거닙니다.
12월의 도둑들이 슬그머니 달아납니다.

지난해의 기적들은 곧 잊힐 것입니다.
새로운 피조물들이 무無에서 태어나고

은하수가 그들의 발 주변으로 흩어질 것입니다.
당신은 그들을 만난 적이 있나요?
요람에서 중얼대는 아기 예수의 말소리가 들립니까?
한 송이의 수선화가 왕국의 감독관으로 임명되었습니다.
잔치가 벌어집니다.
들어보세요.

바람이 술을 붓고 있습니다!
사랑은 외형들 뒤로 숨곤 했지만 더 이상은 아닙니다!
과수원은 등불을 내걸고 있습니다.
죽은 자들이 수의에 싸여 비틀비틀 걸어옵니다.
아무것도 묶여 있거나 갇혀 있을 수 없습니다.
당신은 "이 시를 여기에서 끝내고
다음에 올 것을 기다리시오"라고 말합니다.
그리하겠습니다.
시는 우리의 음악에 대한 거친 주석일 뿐입니다.

# 호두

철학자들은 우리가 음악을 사랑하는 것이
음악이 합일의 천체 음을 닮아서라고 말했습니다.
우리는 전에도 조화의 일부였습니다.
그래서 고음과 저음의 이 순간들은
우리의 기억을 새롭게 합니다.

그러나 망각과 의심과 슬픔으로 가득한 이 몸 안에서
어떻게 그런 일이 일어날까요?
그것은 우리를 통과하는 물과 같습니다.
그것은 시큼하고 쓰지만
소변처럼 액체의 속성을 유지합니다.
그것은 불을 꺼버릴 것입니다!
불안감을 해소할 수 있는 것은
우리의 몸을 통해 흐르는 이 음악입니다.

우리는 소리를 들으면 힘이 생깁니다.
사랑은 선율로 타오릅니다.

음악은 연인에게 안정감을 주고
상상력을 위한 형태를 부여합니다.
음악은 개인적인 불에 숨을 불어넣어
더 예리한 것으로 만듭니다.

웅덩이는 깊습니다.
목마른 사람은
웅덩이 옆에 있는 호두나무에 올라가
호두를 따서 아름다운 곳을 향해 하나하나 던집니다.
그는 호두들이 떨어지는 소리를
주의 깊게 듣고
거품들을 바라봅니다.

더 이성적인 사람은 이렇게 충고할 겁니다.
"당신은 이렇게 하는 것을 후회할 것이오.
당신은 물에서 너무 멀리 떨어져 있어서
호두를 주우려고 내려올 때쯤엔

물에 쓸려가고 없을 것이오."

그가 대답합니다.

"나는 호두 때문에

여기에 있는 게 아닙니다.

호두가 떨어지면서 만들어지는

음악 때문에 여기 있답니다."

# 더 좋은 선물은 없습니다

바다가 당신에게 연인으로 오거든
부디 즉시 결혼하시오!

미루지 마십시오!
세상에 그보다 더 좋은 선물은 없습니다.

아무리 찾아도 그건
찾을 수 없는 겁니다.

완벽한 매가
아무 이유 없이
당신의 어깨에 내려앉아
당신의 것이 되었습니다.

이 순간,
이 사랑이 내 안에서 쉬려고 찾아옵니다.
많은 존재들이 하나의 존재 안에 있습니다.

밀알 하나에서 천 다발의 밀이 나옵니다.
바늘 귀 안에 별들이 요동치는 밤이 있습니다.

한가운데에 있는 깨끗한 구슬이
모든 것을 변화시킵니다.
이 순간의 사랑에는 모서리가 없습니다.

당신은 하나의 마음에서 다른 마음으로 열리는
창문이 있다는 말을 들었을 것입니다.

그러나 벽이 없으면
창문을 달거나
빗장을 걸 필요도 없습니다.

하나의 온전한 가슴을 집으로 가져가려면
천 개의 반쪽짜리 사랑들은 버려야 합니다.

# 우리가 원하는 입맞춤

평생 우리가 원하는 입맞춤이 있습니다.
몸에 영혼이 닿는 것 같은 입맞춤이라고나 할까요.

바닷물은 진주에게
껍질을 깨라고 애원합니다.

백합은 얼마나 열정적으로
거친 연인을 필요로 합니까!

나는 밤이 되면 창문을 열고
달을 향해
어서 나와서
얼굴을
나의 얼굴에 대라고 애원합니다.

나한테 숨을 불어 넣어주세요.
언어의 문을 닫고

사랑의 창문을 열어주세요.
달은 문을 사용하지 않고
창문만을 사용합니다.

# 얼굴의 말 없는 이야기

사랑은 수줍은 질문이나
명성에 대한 두려움이 아니라
칼과 함께 옵니다!
나는 이 말을 사심 없이 얘기합니다.
그러니 제 말을 믿어주세요.

사랑은 미치광이입니다.
무모한 계획을 세우고
옷을 찢고 산속을 헤매고
독을 마시고
그러다가 조용히 소멸을 택하기도 합니다.

작은 거미가 거대한 말벌을
거미줄로 감으려고 합니다.
마호메트가 잠을 잤던 동굴 전체에
거미줄이 있다고 생각해보세요!
사랑의 이야기들이 있습니다.

그리고 사랑으로의 소멸이 있습니다.

당신은 젖지 않도록 옷을 치켜 올리고
바닷가를 걷고 있습니다.

당신은 옷을 벗고 들어가야 합니다.
더 깊이, 수천 배 더 깊이 들어가야 합니다!
사랑은 아래로 흐릅니다.

땅은 하늘에 굴복하고
내려오는 것을 견딥니다.
땅이 그렇게 굴복하면 더 나쁜 것입니까?

북을 담요로 싸지 마세요!
완전히 벗기세요.
마음의 귀로
녹색 돔의 열정적인 속삭임을

들으라고 하세요.

옷끈을 풀어놓으세요.
모든 위와 아래를 넘어선
이 새로운 사랑 속에서 전율하세요.
해가 뜨지만 밤은 어느 길로 갑니까?
더 이상 할 말이 없네요.

영혼이 조용한 표정으로
말하게 놔두세요.

# 사랑의 유혹

사랑의 유혹을 향해
달려가지 않는 사람은
아무도 살지 않는
도로를 걷는 겁니다.

그러나 이곳에 있는 비둘기는
사랑의 매가
위에서 떠도는 걸 느끼고 기다립니다.
쫓기거나 두렵다고
안전한 곳으로 대피하진 않을 것입니다.

# 고문

당신이 우리 사랑의 이야기들을
먼지 속에 피처럼 흘리는데
어째서 우리가 그런 이야기들을 해야 하나요?

사랑은 바다 밑의 잃어버린 진주이거나
우리가 볼 수 없는 불입니다.
그러나 어떻게 그러한 말들이
머리 꼭대기를 지나
머리 위에 있는 빛 속으로
우리를 밀어내는 거죠?

사랑은 솥단지가 아닙니다.
그래서 이렇게 끓는 힘은 도움이 안 됩니다.

영혼,
가슴,
자아.

이런 것들 너머에
이런 것들 안에
이런 말이 있을 뿐입니다.
'얼마나 오래 있어야
이러한 고문으로부터 자유로워질까!'

# 영혼을 아프게 하는 것들

우리는 자신이 무無가 될지 모른다고 생각하며
두려워합니다. 그러나 무는
자신이 인간이 될까봐
훨씬 더 두려워한답니다!

신을 사랑하는 것이 유일한 기쁨입니다.
다른 즐거움들은 씁쓸하게 변합니다.
어떤 것이 영혼에 상처를 줄까요?

자신의 본질인 물을 맛보지 않고 사는 것.
사람들은 죽음과 물질적인 대지에 초점을 맞춥니다.
그들은 영혼의 물에 대해서는 의심합니다.

그러한 의심들을 줄일 수 있습니다!
머리가 맑아지려면 밤을 이용하십시오.
어둠과 살아있는 물은 연인 사이입니다.
그들이 같이 깨어있게 하세요.

상인들이 음식을 배불리 먹고

깊은 잠에 빠지면

우리 밤도둑들은 일을 하러 갑니다.

# 사랑은 어머니입니다

사랑은 그 신비에서 온 전령들이 우리에게
사물에 대해 얘기하는 방식입니다.

사랑은 어머니입니다.
우리는 그 어머니의 자식들입니다.
그녀는 우리가 신뢰를 잃거나
그것이 다시 자라나기 시작하는 것을 느낄 때
우리 안에서 보이기도 하고
안 보이기도 하면서 빛납니다.

# 숨겨진 내면

감추는 것은 창조의 감춰진 목적입니다.
당신의 씨를 묻고

기다리세요. 당신이 죽고 나면
당신이 했던 모든 생각들이 아이들처럼

주변에 모여들 것입니다.
마음은 비밀 속의 비밀입니다.

그 비밀을 언어라고 부르세요,
그리고 당신이 숨기는 것에 대해

결코 확신하지 마세요. 축복을 받는 것은
확신하지 않는 사람들입니다.

재스민, 장미꽃, 나이팅게일의 노래.
이러한 것들이 차가운 11월의

바람 속에 있습니다.
그것들이 그것의 비밀입니다.

어떻게 당신이 나의 것을 발견했습니까?
'당신의 웃음입니다.' 영혼만이

사랑이 무엇인지 압니다. 시간과 공간 속의 이 순간은
병아리새끼가 은총의 날개 밑에서

영혼의 노른자에 젖어
안쪽에 웅크리고 있는 달걀껍질입니다.

그것이 마음으로부터 자유로워져
새들의 노래와 그들의 숨결이 될 때까지.

# 개를 통제할 수 없으면

개 주인이 개를 통제할 수 없으면
어떻게 되나요?

가난한 수도사가 나타나자
개가 뛰쳐나갑니다.
수도사가 말합니다.
"나는 오만한 개가 공격할 때면
신에게로 대피합니다."

개 주인은 이렇게 말합니다.
"나도 그래요! 나는 내 집에서조차
이놈한테 속수무책이랍니다!

당신이 가까이 올 수 없는 것처럼
나는 나갈 수가 없답니다!"

이런 식으로 동물의 힘이 거대해져

삶의 상쾌함과 아름다움을 망친답니다.

'이' 개를 데리고 사냥을 나간다고 생각해보세요.
당신이 사냥감이 될 겁니다.

# 그리움

그리움은 신비의 핵심입니다.
그리움 자체가 치유를 가져옵니다.
유일한 규칙은 '고통을 경험하라'는 것입니다.

욕망을 절제해야 합니다.
당신이 알맞은 때에 일어나기를 바라는 것을
희생해야 합니다.

# 당신을 끌어당기는 것

길을 가다보면 두 가지 유형이 있습니다.
자기 의지와는 반대로
맹목적으로 종교적인 사람들이 있고
사랑하는 마음에서 복종하는 사람들이 있습니다.

앞의 사람들은 저의가 있습니다.
그들은 산파가 가까이 있기를 바랍니다.
자신들에게 젖을 주기 때문입니다.
뒤의 사람들은 간호사의 아름다움을 사랑합니다.

앞의 사람들은
부합되는 예들만을 기억하고 그것들을 반복합니다.
뒤의 사람들은
무엇이든
그들을 신한테 이끄는 것 속으로 사라집니다.

둘은 근원으로부터 나온 것입니다.

어떤 움직임이든

움직이는 자에게서 나옵니다.

어떤 사랑이든

사랑 받은 자에게서 나옵니다.

# 두려움

모든 사람들은 자신이 어떻게
자아의 거울을 닦았는지 볼 수 있습니다.
그것은 우리에게 주어진 그리움에서 했던 일입니다.

모든 사람이
왕이 되기를 원하는 건 아닙니다!
각자에게는 다른 역할들이 있고
많은 선택지가 있습니다.

곤란한 일들이 생기면
어떤 사람은 짐을 싸서 떠납니다.
어떤 사람은 머물면서
인간적인 사랑 속에서 깊어집니다.

전투 중에
어떤 사람은 목숨이 두려워 도망칩니다.
어떤 사람은 두렵지만
돌아서서 더 격렬하게 싸웁니다.

# 보상

하나님은 먹고 마시는 것을
'절제하라'고 말씀하셨지만
빛을 받아들일 때 만족하라고는 하지 않으셨습니다.

하느님이 세상의 보물들을 주자
어떤 선생은 이렇게 응답합니다.
"하느님과 사랑에 빠져 보상을 받았네요!"

하인은 자신이 하는 일에 대해 보상을 받기를 바랍니다.
사랑하는 사람은 사랑 속에 있기를 갈구할 따름입니다.
깊이를 알 수 없는 사랑의 바다에 있기를 갈구할 따름입니다.

# 거친 증거

닦여서 순수해지기를 바라면서도
거칠게 다뤄지는 것을 불편해하는 사람은
어떤 사람입니까?

사랑은 가혹한 증거를
가지고 와야 하는 소송입니다.
그 사건을 해결하려면
재판관은 증거를 보아야 합니다.

묻혀 있는 보물을
지키는 뱀이 있다는 말을 들었을 것입니다.
그 보물을 찾으려거든 뱀에게 입맞춤을 하세요!

당신을 나무라는 사람들에게서 달아나지 마십시오.
당신을 정화시키는 갈등을 외면하지 마십시오.
그렇지 않으면 당신은 약한 상태로 있을 것입니다.

# 거짓의 언어

마호메트는 진짜를 가려내는 방법에 대해
이렇게 말했습니다.

"평화로운 기쁨이 느껴지면
당신은 진실 가까이 있는 겁니다.

불안하고 중심에서 벗어나고
질투하고 탐욕적인 느낌을 받으면

당신이 하는 것은 허위적으로 보이고
주변 사람들은 불성실해 보입니다.

당신이 알고 있는 가장 분명한 진실을 얘기해서
불편함이 치유될 수 있도록 하세요."

말이 거짓으로 물들면
기름 램프에 물이 떨어지는 것과 같습니다.

심지에 불이 붙지 않고
사랑의 방에서 느끼는 즐거움은 줄어들 것입니다.

# 당신이 거기 있습니다

당신은 모든 친절함 속에 있습니다.
아픈 사람이 좋아졌다고 느끼면
당신이 그것이고
질병의 시작이기도 합니다.

어떤 문제들은 도움을 청할 필요가 있습니다.
우리가 낯선 사람의 집 문을 두드리면
당신이 우리를 보낸 것입니다.
아무도 대답하지 않으면 그것이 당신입니다!

일이 필요하다가 느껴지면
당신은 일꾼들이 움직이는 반복적인 방식입니다.
당신은 모든 것입니다.
운동장이고 선수들이고
공이고 관중입니다.

누군가가 당신이 존재하지 않는

증거를 갖고 있다고 우깁니다.
당신은 증거를 가져오는 자이고
증거 자체이기도 합니다.

당신은 영혼의 거대한 두려움,
자연스러운 기쁨,
모든 사악한 잔혹함 속에 있습니다.

누군가는 뭔가를 사랑하고,
누군가는 그것을 싫어합니다.
당신이 거기에 있습니다.

누가 어떤 것을 원하든 원하지 않든
정치적인 힘,
불의,
물질적인 것을 갖고 싶든 그렇지 않든
그것들이 당신의 글씨,

우리가 연구하는 필체입니다.
육체, 영혼, 그림자입니다.
무모하든 세밀하든
당신은 우리가 행하는 것입니다.

당신의 용서를 구하는 것은 불합리합니다.
당신은 후회와 죄 안에 있습니다!

당신은 마노瑪瑙, 에메랄드 같은 다양한 보석들의 경이로움입니다.
우리가 낮과 밤에 어떤 기분을 느낄 때
당신이 그 기분이고
당신이 우리가 서로를 향해 느끼는 동정입니다.
모든 야영지에는 지도자가 머무는 천막이 있습니다.

또한 당신이 머무는
장엄한 천막의 넓은 진실이 있습니다.

*

상처가 되는 말들로 가득한 밤,
내가 갖고 있는 최악의 비밀들.
모든 것은 사랑하고 안 하고의 문제입니다.

이 밤은 지나갈 것입니다.
그러면 우리에게는 해야 할 일이 있습니다.

*

갈가리 찢는 것이 실제로는 치유입니다.
그것이 당신을 '더' 살아 있게 합니다!

사자가 당신을 팔로 안습니다.
손가락들이 줄받이를 긁어 음악을 만듭니다.

*

당신이 찢겨져 열릴 때 춤을 추세요.
붕대를 찢어버릴 때 춤을 추세요.
싸울 때 춤을 추세요.
당신의 피 속에서 춤을 추세요.

당신이 완벽하게 자유로울 때 춤을 추세요.

*

내가 영혼에 대해 아는 모든 것은

이 사랑입니다.

# 당신의 결점들

텅 빈 거울과 당신이 가진 최악의 파괴적 습관,
그것들을 서로 맞대면 진짜 창조가 시작됩니다.
그것이 예술과 기술이라는 것입니다.

재단사는 기술을 연마하기 위해
찢어진 옷을 필요로 합니다.
정교한 목공에 쓰일 수 있으려면
나무들의 몸통은 잘리고 또 잘려야 합니다.

의사는 부러진 다리가 있어야 치료를 합니다.
당신의 결점들은 영광이 모습을 드러내는 방식입니다.

# 억제의 규칙들

당신의 삶에는
빵과 같은 영양분이 있는가 하면

빛과 같은 영양분이 있습니다.
앞의 것을 억제하는 것과 관련한 규칙들이 있지만

뒤의 것에는 한 가지 규칙만이 있습니다.
'절대 만족하지 말라'는 것입니다.

램프의 심지가
자신이 빨아들이는 기름을 갖고 그러하듯

영혼의 본질을 먹고 마십시오.
그 동반자에게 빛을 주십시오.

# 눈을 뜨게 하는 바라봄

우리는 영감을 기다리지만 수고비를 받지는 않습니다.
신성한 분위기에 대한 느낌만으로 충분하니까요.

그러니 당신의 불쾌함과 아둔함,
무감각한 배은망덕을 가져오세요.

우리가 당신을 만날 때
같이 있는 것 자체가 약이 될 테니까요.

우리는 치료이고
당신의 눈을 뜨게 만드는 바라봄일 테니까요.

# 지푸라기와 풀

모든 존재들에 바다 같은 분인
지극히 헌신적인 선생이 말합니다.
'하느님만이 현실입니다.'

창조의 높이들은 그 바다에 있는 지푸라기들입니다.
물이 요동치면서 움직임이 생깁니다.
바다는 마른 줄기를 고요하게 만들고 싶을 때면
해변 가까이로 보냅니다.

그것을 깊은 물결 속으로 다시 넣고 싶으면
바람이 풀잎들을 갖고 그러하듯이
안으로 보냅니다.

이것은 결코 끝나지 않습니다.
친구여,
우리의 가까움은 어디에서든 이런 것입니다.
당신이 발을 딛는 곳이면

어디에서든
발밑의 단단함 속에서 나를 느끼십시오.

당신이 아니라
당신의 세계를 보는 이 사랑은
대체 어떻게 된 것일까요?

# 유일한 친구

나는 손뼉을 치고 있을지 모르지만
손뼉을 치고 있는 군중의 일부는 아닙니다.

나는 여기도 아니고 저기도 아닙니다.
나는 피리 소리를 좋아하는 집단의 일부도 아니고
노름이나 술을 좋아하는 사람도 아닙니다.
나는 흙과 물로 빚어진 아담에게서 내려온
시간 속에 사는 사람들의 일부가 아닙니다.

마치 내가 하는 말들이 안에서 나와
밖으로 나가는 것처럼
내 말에 귀를 기울이지 마십시오.

당신의 얼굴은 아름답지만
그것은 나무 우리입니다.

당신은 나한테서 달아나는 게 좋습니다.

나의 말들은 불이니까요.

나는 유명하거나 거창한 판결을 내리거나
수치심을 느끼는 것과 아무 관련이 없습니다.

나는 아무것도 빌리지 않습니다.
나는 누구에게도 바라는 게 없습니다.

나는 인간들 사이로 흐릅니다.
사랑이 나의 유일한 친구입니다.

## 왕의 진주

어느 날 왕이 신하들을 모았습니다.
그는 대신에게 반짝이는 진주 하나를 주며 말했습니다.
"이게 얼마나 가치가 있을 것 같소?"
"백 마리 당나귀가 운반할 수 있는 금 이상의
가치가 있을 것 같습니다."
"이걸 부수시오!"
"전하, 제가 어찌 그러한 보물을 못 쓰게 만들 수 있겠습니까?"

왕은 그에게 옷 한 벌을 하사하고
진주를 다시 가져갔습니다.
그리고 그것을 시종의 손에 놓아주며 말했습니다.
"팔면 얼마나 받을 것 같은가?"
"왕국의 반입니다. 신이여 이걸 지켜주소서!"
"이걸 부숴라!"
"제 손으로 감히 그렇게 할 수는 없습니다."

왕은 그에게 옷 한 벌을 하사하고

월급을 올려줬습니다.
그렇게 그것은 육십 명의 신하들을 하나하나 거쳤습니다.
그들은 대신과 시종이 했던 말을 따라서 하고
보상을 받았습니다.

이번에는 진주가 아야즈에게 넘겨졌습니다.
"이게 얼마나 아름다운지 말할 수 있겠니?"
"제가 말할 수 있는 것 이상입니다."
"그럼 당장 이것을 부숴 가루로 만들라."

아야즈는 이것에 관한 꿈을 꾼 적이 있었습니다.
소매에 두 개의 돌을 숨겨 놓고 있었습니다.
그는 진주를 두 개의 돌 사이에 놓고 깨버렸습니다.
우물 바닥에 있던 요셉이
이야기를 끝까지 다 들은 것처럼
귀를 기울이는 사람들은 성공과 실패를
하나로 이해합니다.

형태에 대해서는 걱정하지 마십시오.
누군가가 말을 달라고 하면 그냥 주십시오.
말은 다른 사람들에 앞서 서두르기 위한 것입니다.

대신들은 아야즈의 무모함에 소리를 질렀습니다.
"어찌 그럴 수가 있소?"

"왕의 말씀이 어떤 진주보다 더 가치 있는 것입니다.
저는 색깔이 들어간 돌이 아니라 왕을 받드는 것입니다."

대신들은 즉시 무릎을 꿇고 이마를 땅에 대었습니다.
그들이 용서를 구하며 쉬는 한숨이
연기처럼 피어올랐습니다.
왕은 집사에게 마치 "이 쓰레기를 치우라"라고
말하는 것 같은 몸짓을 했습니다.

아야즈가 왕에게 한 말은 정곡을 찌른 것입니다.

더 이상 할 말은 없습니다.

"당신은 저를 선택해 진주를 깨버리게 하셨습니다.
제가 취한 상태에서 복종한 것 때문에
다른 사람들을 처벌하지 마십시오.
저는 다시는 맨 정신일 때가 없을 것이니
제가 맨 정신일 때 그들을 처벌하십시오!

그들이 하는 것처럼
고개를 숙이는 사람은 누구나
옛 자아 속에서 일어서지 못할 것입니다.
탈지유 속의 각다귀처럼
그들은 당신의 탈지유가 되었습니다.
산들이 흔들리고 있습니다.
당신의 손금이 지도와 나침반입니다."

영혼에서 나온 수십만 가지 인상들이

여기를 통해 오고 싶어합니다.

나는 이 풍요로움에 어안이 벙벙해
으스러져 죽을 것만 같습니다.

## 발밑의 장미

파도처럼 일어나던 살람* 소리가
흔적이 보이지 않는 분의 흔적이
보이기를 바라며
기도 속에 잦아듭니다.

누군가가 당신에게 누구냐고 묻거든
주저하지 말고
'영혼 속의 영혼 속의 영혼'이라고 대답하세요.

헤엄칠 줄 모르지만
진주를 찾는 잠수부가 있습니다!
상관없습니다.
진주들이 그를 해변으로 데려놓을 테니까요.

도랑에 빠진 마차에 앉아 있는 사람들이

* 평화라는 의미의 인사말.

"이건 저래야 돼, 저건 이래야 돼"라고
말하는 소리를 들으며
우리 연인들은 웃습니다.

나는 마음을 찾으려고 가다가
커다란 장미꽃을 발견했습니다.
장미꽃들은 우리 모두의 발밑에 있었습니다.

그것을 부정하는 사람에게
어떻게 이것을 말해야 하나요?
우리가 입는 옷은 천상의 천으로 된 것입니다.

모든 것은 영혼이고 개화開花입니다.

# 눈

시야가 맑을 때 '보는' 것은 무엇일까요?
스토리가 없는 중심부가 무엇을 '본' 적이 있을까요?

눈이 충성스러운 건 확실합니다.
안약을 사는 사람은 잘 보지는 못하지만
적어도 치료약을 고를 만큼은 봅니다.

당신의 눈이 닫혔다가 열리고 다시 닫힐 때
밤이 낮이 되었다가 다시 밤이 될 때
당신의 눈이
당신의 얼굴이요 태양인 빛 속에서
입자처럼 떠돌 때
밤과 낮을 넘어 누군가가 지켜보고 있습니다.

당신이 없으면
우리의 눈은 영혼에게는 위험할지 모릅니다.
그러나 당신과 '함께'라면

우리의 눈은 영혼과 같은 것이 됩니다.
그런 일이 일어날 때
보는 것은 가슴입니다!

당신은
눈이 하느님을 본다고 '말할' 수 있을지 모르지만
보는 분은 하느님입니다.
쿠란에서 사막의 산이 하느님을 바라보고
눈이 모든 돌에 나타나는 것처럼
보는 분은 하느님입니다.

# 죽음은

나는 무기물의 상태로 죽어 식물이 되었습니다.
나는 식물의 상태로 죽어 동물이 되었습니다.
나는 동물의 상태로 죽어 인간이 되었습니다.
그렇다면 내가 뭘 두려워해야 합니까?
나는 죽음으로부터 그 이하로 된 적이 결코 없었습니다.
나는 다음에는 인간으로 죽어
머리를 들고 날개가 돋아 하늘로 솟구쳐
천사들 사이에 있게 될 것입니다.
그리고 나는 천사의 상태인 강에서 뛰어내려야 합니다.
그분의 얼굴을 제외하고 모든 것이 소멸합니다.
나는 다시 한 번 천사의 상태에서 희생되어야 할 것입니다.
그래서 상상 속으로 들어올 수 없는 것이 될 것입니다.
그러면 나는 무無가 될 것입니다.
무는 나에게  오르간 소리처럼 말합니다.
'진실로 우리는 그분에게로 돌아가는 것입니다.'

## 그분입니다

내가 평화를 원할 때
그분은 친절한 중재자입니다
내가 전쟁에 나갈 때
그분은 단검입니다
내가 모임에 갈 때
그분은 술이고 사탕과자입니다
내가 정원에 갈 때
그분은 향기입니다
내가 깊은 광산에 갈 때
그분은 그곳에 있는 루비입니다
내가 바닷물 속을 찾을 때
그분은 값비싼 진주입니다
내가 사막에 갈 때
그분은 그곳의 정원입니다
내가 하늘에 갈 때
그분은 빛나는 별입니다
내가 사랑하는 친구들에게 편지를 쓸 때

그분은 종이와 잉크병이요, 잉크와 펜입니다
내가 시를 쓰고 운율이 맞는 단어를 찾을 때
그분은 내 생각 안에 운율을 펼치는 분입니다!

# 죽음이 사람이라면

죽음이 사람이라면
내가 그를 가슴에 꼭 껴안을 수 있도록
가까이 오게 하세요!
나는 그에게서
순수한 무색의 영혼을 가져오겠지만
그는 나에게서
색깔이 있는 옷 말고는 가져가지 못할 것입니다!

# 울지 말아요

내가 땅에 묻힐 때 슬퍼하지 마세요.
나에게 이것은 즐거운 만남의 시간입니다.
내가 무덤 속으로 들어갈 때
작별인사는 하지 마세요.
그것은 영원한 은총을 위한 휘장이니까요.

## 사랑을 통해서

사랑을 통해서 쓴 것이 달콤해질 것입니다
사랑을 통해서 구리가 금이 될 것입니다
사랑을 통해서 찌꺼기가 가장 순수한 술로 변할 것입니다
사랑을 통해서 모든 고통이 약으로 변할 것입니다
사랑을 통해서 죽은 자가 살아날 것입니다
사랑을 통해서 왕이 노예로 바뀔 것입니다!

# 방앗간

가슴은 곡식과 같고
우리는 방아와 같습니다.
방아는 자기가 왜 빙글빙글 도는지 알까요?
몸은 돌이고
물은 생각입니다.
돌이 말합니다.
"아, 물은 알 거예요!"
물이 말합니다.
"아뇨, 방앗간 주인에게 물어보세요
그가 물을 아래로 내려 보냈으니 그에게 이유를 물어보세요!"
방앗간주인이 말합니다.
"이 바보야! 방아가 움직이지 않으면 제빵업자는 뭘 하겠어?"

## 두 개의 '나'는 없습니다

어떤 사람이 사랑하는 사람의 방문을 두드렸습니다.

그러자 이런 대답이 돌아왔습니다.

"누구세요?"

"나예요!"

"저리 가세요. 여기는 천박하고 조야한 사람들을 위한 곳이 아닙니다!"

그렇다면 이별의 불과 추방의 화염 말고

무엇이 천박함과 조야함을 없애고 그를 구할 수 있을까요?

가엾은 사람은 이별을 고통스러워하며

일 년 내내 떠돌았습니다.

그리고 세련되고 성숙해져서 돌아왔습니다.

그는 연인의 집으로 조심스럽게 갔습니다.

그는 자신의 입에서 잘못된 말이 나오지 않도록 경계하며

아주 조심스럽게 집 주변을 돌았습니다.

그러자 안에서 목소리가 들렸습니다.

"거기, 내 방문 앞에 있는 게 누구세요?"

그는 대답했습니다.

"당신입니다. 문 앞에 있는 건 당신입니다!"

연인이 말했습니다.

"들어오세요. 이제 당신이 내가 되었네요.

이 집에는 두 개의 '내'가 있을 방이 없답니다."

## "사랑과 그리움, 초월의 시인"

13세기 시인 루미에 관해서는 이름부터 정리하고 넘어가야 할 것 같다. 그는 보통 루미라는 이름으로 통용되지만 그를 일컫는 이름들은 다양하다. 원래 이름은 잘랄루딘(잘랄라딘) 무하마드 루미였던 것으로 보인다. 그러나 발키에서 태어났다는 의미로 잘랄루딘 무하마드 발키라 불리기도 하고, '우리의 스승'이라는 의미의 마울라나(메블라나)를 넣어 마울라나 잘랄루딘 루미로 불리기도 하고, '나의 스승'이라는 의미의 마울라위(메블레비)를 넣어 마울라위 잘랄루딘 루미라 불리기도 한다. 이 번역서에서는 그의 이름을 마울라나 잘랄루딘 루미로 표기하였다. 이 이름을 택한 것은 많은 사람들이 그를 그렇게 호칭해서이기도 하지만 더 중요하게는 그의 시들이 그를 마울라나, 즉 '우리의 스승'이라고 불러도 될 정도로 우리의 마음을 움직이기 때문이다. 그는 비록 이슬람권 시인이지만 묘하게 우리의 마음을 흔들어 놓는다. 그의 시를 읽으면 그가 아랍권만이 아니라 세계 곳곳에서 왜 그렇게 인기가 있는지를 어렵지 않게 알 수 있다. 그는 비록 13세기 시인이지만 현재, 세계에서 가장 인기가 있는 시인이라고 해도 과언이 아니다.

마울라나 잘랄루딘 루미는 1207년 9월 30일 아프가니스탄 인근에서 태어났다. 현재의 국가 분류에 따라 더 엄밀하게 말하자면, 그는 타지키스탄에 있는 작은 마을 바크시에서 태어났다. 그곳이 페르시아 제국의 일부였을 때였다. 그의 가족은 징기스칸 군대의 침략이 임박해지자 고향을 떠나 중앙아시아의 사마르칸트(우즈베키스탄)과 다마스쿠스(시리아)에 갔다가 터키의 중부내륙 아나톨리아에 있는 코니아에 정착했다. 루미는 마지막 오십년을 코니아에서 살았다. 그가 묻힌 곳도 코니아였다. 코니아는 그가 마지막 오십년을 살고 거기에 묻히면서 지금도 수많은 사람들이 찾는 성지가 되었다. 매년 12월 17일이 되면 그를 존경하고 따르는 수많은 사람들이 모여서 신비주의자들의 춤을 추며 그를 기린다.

그의 집안은 대대로 철학자, 신학자, 법률학자의 집안이었다. 그의 아버지도, 할아버지도 마찬가지였다. 루미는 존경 받는 신학자이자 법률학자였던 아버지를 따라 시리아의 다마스쿠스, 알레포에서 공부하고 스스로도 존경받는 신학자이자 법률학자가 되었다. 유서 깊은 전통적인 이슬람 지도자 집안출신이었던 것이다.

그런데 그러한 가계에 속한 루미의 삶을 송두리째 바꿔놓은 대사건이 있었다. 그 사건이란 타브리즈(이란) 출신의 수도사 샴스와의 만남이었다. 그는 샴스를 만나기 전까지는 아버지와 할아버지가 그랬던 것처럼 전통적인 이슬람 성직자이자 학자였다. 그런데 1244년 11월, 자신보다 2-30년 나이가 많은 샴스를 만나고부터 신비주의자가 되었다. 그의 나이 서른일곱이었을 때였다. 두 사람의 만남은 신비로움 그 자체였다. 만나는 순간부터 헤어지는 순간까지, 아니 심지어 헤어진 이후까지도 신비롭지 않은 것이 없었다. 신비주의의 속성이 그렇듯 두 사람의 관계는 논리나 이성으로 설명할 수 없는 것이었다. 그들은 만나자마자 방문을 닫아걸고 일주일이 넘게 깊은 대화를 나누었다. 샴스는 루미의 책들을 우물 속에 던져버렸다. "지금까지 읽고 얘기한 것들을 이제는 살아야 하네." 진리는 책이 아니라 삶 속에 있다는 말이었다. 두 사람에게는 다른 게 필요하지 않았다. 둘만으로 충분했다. 그들은 몇 주, 몇 달 동안 같이 시간을 보내며 대화의 희열과 황홀경 속으로 빠져들었다. 누가 스승이고 누가 제자인지도 알 수 없었다. 그 신비로움의 속내를 다른 사람들은 도저히 헤아릴 길이 없었다. 루미의 제자들은 스승이 낯선 노인에게 빠져 있는 것이 못마땅했다. 그들은 스승이 그 노인네 때문에 자신들을 소홀히 대한다고 생각하고 질투하기 시작했다. 이러한 분위기를 감지했는지 샴스는 처음 모습을 드러냈을 때 그러했던 것처럼 갑자기 모습을 감췄다. 1245년 3월 11일의 일이었다. 루미와 같이 있던 기간이 4개월도 되지 않았을 때였다.

그러자 루미는 애가 탔다. 샴스가 다마스쿠스에 있다는 소식이 들리자, 그는 첫아들인 술탄 왈라드를 보내 샴스를 데려오게 했다. 확실하지는 않지만 1247년 초반 내지 중반의 일이었다. 두 사람 사이의 신비로운 대화와 삶이 다시 시작되었고, 제자들 사이에는 다시 질투의 감정이 일었다. 제자들은 스승과 샴스 사이의 초월적 관계에 대해 세속적인 감정으로 응수했다. 제자들은 샴스가 영원히 사라져줬으면, 아니 차라리 죽기라도 했으면 싶었다. 어느 날 밤, 루미와 샴스가 대화를 하고 있을 때, 누군가가 샴스를 뒷문으로 불러냈다. 샴스는 이후로 영영 돌아오지 않았다.

샴스가 사라지자 루미는 절망에 빠졌다. 그는 샴스를 찾아 헤맸다. 다마스쿠스까지 직접 찾아가보았지만 그는 어디에도 없었다. 그가 위안을 삼은 것은 자신과 샴스 사이에는 피아의 구분이 없다는 자의식이었다. 자신이 샴스이고 샴스가 자신이라면, 샴스를 찾아야 할 곳은 밖이 아니라 안이어야 했다. 자신의 내면이어야 했다. 샴스는 그의 안에 현존하고 있었다. 그는 이러한 생각을 시로 읊었다.

내가 왜 그를 찾아야 하지?
나는 그와 같다.
그의 본질이 나를 통해 말을 한다.
나는 나 자신을 찾고 있었던 거다.

그가 이후로 쓴 많은 시와 산문들은 자신 속의 그 현존에 관한 것이었다. 자신의 내부에 있는 샴스라는 타자의 현존을 언어로 풀어낸 셈이다. 그는 그것을 통해 세상을 보았고 인간을 보았고 신을 보았다. 그것은 그리움이었고 갈증이었고 슬픔이었고 합일에의 갈망이었다. 달리 말하면, 그는 그 이별을 언어로 풀어냈다, 아니 견뎌냈다. 그의 가슴에서 시들이 쏟아져 나왔다. 그리움과 고통과 절망감이 크면 클수록, 더 많은 시들이 쏟아져 나왔다. 루미가 샴스를 향해 갖고 있는 감정은 언어로 쉽게 설명할 수 있는 것이 아니었다. 그것이 그로 하여금 더 많은 말을 하게 만들었고, 그것이 시가 되었다. 거시적으로 보면 그의 많은 시들은 끝없이 이어진 하나의 기다란 그리움과 사랑이었다. 두 사람 사이에 오갔던 어떤 감정이 루미를 황홀하게 만들었으며 루미로 하여금 그토록 많은 시와 산문을 남기게 했는지 제대로 설명할 수 없을 만큼, 두 사람의 우정은 신비 그 자체였다.

샴스가 왜 그리고 어떻게 흔적도 없이 사라졌는지 정확히 알 길은 없지만 학자들은 그를 질투한 제자들이 그를 살해했을 가능성이 있다고 생각한다. 루미의 둘째 아들 알라에딘 찰라비가 샴스를 죽였다는 얘기도 있지만 확실한 증거가 있는 것은 아니다. 다만 샴스가 사라진 후 루미가 둘째 아들을 내친 것을 보면 그랬을 가능성은 있다. 여하튼 샴스가 사라지면서 그를 향한 그리움과 그의 부재로 인한 슬픔이 루미를 불멸의 시인으로 만들었다. 단테에게 베아

트리체가 그러했던 것처럼 루미에게 샴스는 영감의 원천이었다. 중년의 학자가 자신보다 스무 살이나 서른 살이 더 많은 노인에게 어떠한 감정을 느꼈는지 모르지만 그들의 만남이 세속적인 우정을 뛰어넘어 나와 타자 사이에 발생할 수 있는 모든 감정들을 함의하는 신비로움이었던 것은 분명해 보인다.

샴스 외에도 루미가 친밀한 관계를 유지했던 사람이 둘 더 있었다. 하나는 금세공金細工이 직업이었던 살라딘 자르쿠브였고, 다른 하나는 루미의 필기사였던 후삼 찰라비였다. 루미는 그들을 제자들의 우두머리로 삼았다. 그의 시에 이따금 살라딘과 후삼의 이름이 등장하는 것은 그래서다. 샴스와 비교하면 그들이 루미에게 미친 영향은 상대적으로 미미하지만 그들이 루미의 삶에 중요했던 것은 부인할 수 없는 사실이다. 특히 그의 마지막이자 '페르시아로 된 쿠란'이라는 칭송을 받는 시집 '마스나비'는 그가 구술한 것을 후삼이 12년에 걸쳐 받아 적은 것이다.

루미는 샴스가 사라진 후로 26년을 더 살고 1273년 12월 17일에 세상을 떠났다. 코니아에 있는 모든 사람들이 그를 애도했다. 기독교인, 유대교인, 무슬림, 조로아스터교인을 포함하여 모두가 그의 장례식에 참석했다. 터키인들, 그리스인들, 마을사람들 모두가 위대한 시인의 죽음 앞에서 셔츠를 찢으며 울었다. 종교도, 인종도, 국가도 넘어선 애도의 풍경이었다. 그가 죽어갈 때 옆을 지켰던 고양이마저도 루미가 죽자 음식을 먹기를 거부하고 일주일 후에 주인을 따라 죽었다. 그의 묘지가 지금까지도 많은 사람들, 특히 수피교도들이 순례하는 곳이 된 것은 우연이 아니다.

그는 종파, 인종, 국가를 초월하여 모두에게서 존경과 사랑을 받았다. 그는 이슬람이었지만 그의 시와 가르침은 이슬람을 넘어선 것이었다. 특히 그는 사랑의 시인이었다. 그가 전한 사랑의 메시지는 그가 속한 수피 신비주의 공동체를 넘어 다른 종파와 다른 공동체로 확산되었다. 그는 결코 분열을 말하지 않았다. 그는 사랑을 노래했고 합일을 노래했다. 그는 이슬람만이 옳다고 말하지 않았다. 그가 죽었을 때 종파와 인종을 초월하여 모든 사람들이 울면서 그를 애도한 것은 그래서였다. 다른 종교에 속한 사람들도 그의 시를 읽으면 신앙심이 깊어지는 것을 느꼈다. 그의 시가 지금 세계에서 인기를 누리고 있는 것도 어쩌면 그래서일 것이다. 탁월한 언어 감각, 유머, 일상적인 이미지의 활용, 낙천성, 서정성, 신비주의, 깊은 사유 등이 그의 시를 떠받치고 있음은 물론이다.

나는 처음에는 여섯 권으로 이뤄진 '마스나비' 전체를 번역하려고 했지만, 루미의 시에 익숙하지 않은 한국 독자들에게는 종교적인 색채가 강한 '마스나비' 전체를 번역하는 것보다는 그것의 일부를 번역하고, 그것을 '마스나비' 외의 다른 시들의 번역과 함께 내놓는 것이 현시점에서는 더 좋지 않을까 생각하게 되었다. 내가 아니더라도 언젠가 누군가에 의해 우리나라에도 '페르시아어로 된 쿠란"이라는 평가를 받는 '마스나비'가 완역되어 소개되는 날이 왔으면 좋겠다.

루미가 세계의 독자들에게 행사하는 영향력을 생각하면 '마스나비'만 아니라 우리말로 번역된 루미의 시들이 그리 많지 않은 현실이 조금은 아쉽게 생각된다. 미국에서 루미의 시선집이 로버트 프로스트, 월트 휘트먼 같은 국민시인의 시집과 비교가 안 될 정도로, 아니 어쩌면 자국과 외국의 시집들을 통틀어 가장 많이 팔리는 베스트셀러라는 것은 우리도 한 번쯤 생각해볼 대목이다. 늦어도 한참 늦었지만 이슬람권 문학의 우리말 번역에 더 많은 관심을 기울일 때가 되었다. 우리는 이슬람 문학에 대해 모르는 게 너무 많다. 어쩌면 우리는 스스로도 모르게 유럽과 미국 문화를 추종하고, 그런 이미에서 이슬람 문화를 낮춰보는 게 아닐까 싶다. 그러지 않아야 할 우리가 스스로를 일종의 오리엔탈리스트로 만드는 건 아닌지 반성할 시점이 된 것 같다.

루미와 관련하여 2007년은 특별한 해였다. 우선, 루미의 탄생 800주년이 되는 해였다. 유네스코는 루미의 탄생 800주년을 기념하여 2007년을 "국제 루미 해"로 정하고 루미를 기렸다. 당시 이란은 10월 26일에서 11월 2일까지를 루미 주간으로 선포하고 전국에 있는 모든 학교의 종을 울려 그의 탄생을 기념했다. 그의 영향은 페르시아 문화권에 머물지 않고 세계로 확장되었다. 그리고 그 현상은 아직도 진행 중이다. 우리 독자에게도 루미의 시가 더 많이 소개되어 왜 세계가 그의 시에 열광하는지 알 수 있는 기회가 더 주어졌으면 좋을 듯싶다. 그는 읽지 않고 넘어가기에는 너무 깊고 좋은 시인이다.

이 시집에 수록된 시에 붙은 제목은 옮긴이가 임의로 붙인 것이다. 시에 제목이 붙는 관행을 따른 것으로 큰 의미는 없지만 독자가 제목만으로도 그 시가 어떤 주제 혹은 내용인지 알 수 있도록 하기 위해서였다. 제목이 시의 함의와 의미를 불필요하게 제한하고 축소시킬 가능성도 있을 테지만 그래도 제목이 있어야 할 자리가 조금 허전해서 살짝 채워놓았다.

루미의 시선집 제목은 '마스나비'의 프롤로그에 해당하는 시 '갈대피리의 노래'의 제목을 빌린 것이다. 내가 '마스나비'를 일부만 번역했으면서도 '갈대피리의 노래'를 제목으로 택한 것은 "나는 갈대밭에서 잘린 후로/이렇게 우는 소리를 내고 있답니다"라는 구절로 시작되는 시의 아름다움 때문이기도 하고, 그 시가 환기하는 사랑과 이별의 감정이 루미의 시를 총체적으로 대변할 수 있지 않을까 하는 생각 때문이기도 하다. 갈대피리는 루미가 가장 좋아하던 악기이기도 했다.

루미가 노래하는 사랑은 우리가 사랑이라는 말로 포괄할 수 있는 모든 감정들을 암시하고 환기한다. 절대자에 대한 사랑이 거기에 포함되는 것임은 말할 것도 없다. 루미는 종교적인 신비주의 시인이었다. 여기에는 이론의 여지가 없다. 그가 쓴 시에 나타나는 사랑은 인간에 대한 인간의 사랑이기도 하지만, 신에 대한 인간의 사랑, 인간에 대한 신의 사랑이기도 하다. 그렇다고 모든 것을 종교적인 것으로 환원시켜야 한다는 말은 아니다. 그의 시가 위대한 것은 종교적인 사랑만이 아니라 세속적인 사랑까지도 환기하는 감정적 호소력에 있다. 나는 가급적이면 종교적인 색채가 없는 시들을 골라 옮기려 했다. 그의 시가 가진 가장 큰 호소력과 매력이 그러한 시들에 있다고 생각했기 때문이다.

나는 루미의 시를 우리말로 옮기면서 루미에 대한 존경심이 더 깊어졌다. 페르시아 문화가 왜 그를 숭배에 가까운 감정으로 대하는지 알 것 같았다. 내가 읽고 번역하면서 느낀 바로는 숭배의 감정만으로는 부족한 게 루미의 시적 세계다.

루미의 아름답고 지혜로운 시가 우리말로 제대로 옮겨졌는지 알 길이 없다. 그래도 바라건대 나의 번역을 통해서 독자가 루미의 시가 갖고 있는 폭과 깊이, 심오함을 조금이라도 느낄 수 있으면 좋겠다. 페르시아어를 알지 못하기에 다수의 영어 번역본들을 참조해가며 중역할 수밖에 없었다. 그래도 조금 위안이 되는 것은 루미의 시는 다른 언어로 번역되어도 그 의미가 훼손되지 않을 만큼 평범한 어휘, 평범한 문장을 구사하고 있다는 사실이다.

마지막으로 한 마디만 더.

이 시집에 포함된 것들 중 일부는 엄밀히 얘기하면 시라기보다는 산문 내지 스토리라고 해야 맞다. 그러나 그것들이 시의 형식을 차용하고 있어서 크게 보면 시에 영역에 속한다고 해도 무리는 아니다. 페르시아 문화가 낳은 위대한 시인 루미는 우리가 모르고 살기에는 정말이지 너무 위대한 시인이다. 우리가 그동안 모르거나 등한시 했을 뿐이지, 13세기 시인 루미는 수백 년 동안 지혜와 신비로움, 사랑과 그리움의 시를 머금고 우리를 기다리고 있었다. 그런 위대한 시인을 번역해 내놓게 되어 기쁘다.

2020년 겨울

왕은철

## 마울라나 잘랄루딘 루미 연보

1152년 루미의 아버지 바하 알딘이 아프가니스탄에서 태어남

1207년 9월 30일 잘랄루딘 루미가 바하 알딘과 모메네 카툰 사이에서 태어남

1210년-1212년 바하 알딘 가족이 코로산 지역에 위치한 사마르칸트로 이사

1216년-1221년 바하 알딘이 가족과 제자들과 함께 코로산을 떠남

1217년-1222년 바하 알딘 가족이 중동지역을 떠돌아다님. 처음에는 바그다드에 머물다가 메카 성지순례를 떠남. 다마스쿠스, 말라티아, 아크샤르에 일시 거주.

1220년-1224년 아나톨리아, 즉 현재의 터키에 위치한 라렌드에 정착. 루미의 어머니가 세상을 떠남.

1225년 고화르 카툰과 결혼함. 이후로 두 아들 알라에딘과 술탄 왈라드가 태어남.

1229년 바하 알딘의 가족이 코니아로 이주. 루미의 아버지가 좋은 교수직을 확보함.

1231년 아버지가 세상을 떠남.

1232년 아버지의 스승이었던 사예드 보르한 알딘 모하케크가 제자의 죽음을 모른 상태에서 코니아에 나타나 루미의 교육 최

종적인 단계를 감독하게 됨.

1232년-1240년 루미가 시리아에 있는 엘리트 신학원에서 많은 시간을 보내며 이슬람에 관한 지식을 완성함. 고인이 된 아버지가 남긴 일기를 탐구하며 신비주의를 연구하기 시작함. 시리아에 머무는 동안 루미는 오랫동안 아내와 아이들로부터 떨어져 있음.

1239년-1244년 루미가 코이나에 다시 정착하며 아버지의 교수 자리를 물려받음. 이때 그는 종교학자이면서 이슬람에 관한 뛰어난 연설가이자 이슬람을 부흥시키는 역할로 명성을 쌓음. 첫째 부인 고화르 카툰이 죽고 케라 카툰과 재혼하여 아들 아미르 알림 찰라비와 딸 말라케 카툰을 둠.

1244년 타브리즈 출신의 샴스 알딘이 코니아에 도착함. 루미는 샴스에 흠뻑 빠지지만 그의 제자들이 샴스를 몰아낼 음모를 꾸밈.

1245년 3월 11일 샴스가 코니아를 떠나 시리아로 감. 루미는 실의에 빠짐.

1247년 루미의 아들 술탄 발라드가 샴스를 코니아로 데려옴. 샴스가 대대적인 환영을 받음. 루미는 샴스가 돌아오자 너무 기뻐함. 일부 제자들이 약속을 저버리고 샴스에 대한 음모를 꾸밈. 1247년 후반 샴스가 사라짐. 루미는 샴스를 다시 보지 못함. 그가 루미의 아들 알라에딘에 살해당했다고 믿는 학자들도 있고, 샴스가 시리아로 돌아가 또 다른 방랑생활을 시작했다고 믿는 학자들도 있음.

1248년-1249년 루미는 샴스를 찾기 위해 적어도 두 차례에 걸쳐 시리아로 갔지만 허사였음. 루미가 가잘(짧은 형식의 서정시)을 쓰기 시작함.

1250년 결국 루미는 샴스를 다시는 보지 못할 것이라고 체념함. 그리고 금세공장이였던 살라딘 자르쿠브를 가까이 하기 시작하면서 제자들의 질투심을 다시 유발함.

1258년 살라딘이 세상을 떠남. 루미의 오랜 친구였던 후삼 찰라비가 살라딘의 자리를 계승함.

1261년-1264년 '마스나비'를 구술하여 완성함.

1273년 12월 17일 루미가 해질녘에 세상을 떠남. 그의 두 번째 부인 케라 카툰은 이후 19년을 더 살았음.

**마울라나 잘랄루딘 루미**(Maulana Jalauddin Rumi, 1207-1273)

마울라나 잘랄루딘 루미(1207-1273)는 가장 위대한 페르시아 시인 중 하나라는 평가를 받는 13세기 시인이다. 그는 철학자, 신학자, 법률학자였으며 삼십대 중후반부터 수피 신비주의에 빠져 엄청난 양의 시를 남겼다. 특히 '마스나비'는 '페르시아어로 된 쿠란'이라고 일컬어질 정도로 높은 평가를 받는다. 그는 본질적으로 사랑의 시인이었다. 그가 전한 사랑의 메시지는 수피 신비주의 공동체를 넘어 다른 공동체로 확산되었다. 그는 이슬람 시인이었지만 종파, 인종, 국가를 초월하여 지대한 영향을 미쳤다. 미국에서는 모든 시인을 통틀어 가장 유명하고 가장 많이 팔리고 읽히는 시인이다. 탁월한 언어 감각, 유머, 낙천성, 서정성, 신비성, 심오한 사유 등을 두루 갖추고 있기에 가능한 일이다. 유네스코는 루미의 탄생 800주년을 기념하여 2007년을 "국제 루미 해"로 정하고 루미를 기렸다.

옮긴이 **왕은철**

전북대학교 영문과를 졸업하고 펜실베이니아 클래리언 대학교와 메릴랜드 대학교에서 각각 영문학 석사와 박사 학위를 받았다. H. B. 이어하트재단, 케이프타운대학학술재단, 풀브라이트재단의 펠로 및 한국학술진흥재단의 해외파견 교수를 역임했다. 〈유영번역상〉, 〈전숙희문학상〉, 〈생명의 신비상〉, 〈한국영어영문학회학술상〉, 〈전북대학교학술상〉, 〈전북대학교수업상〉, 〈전북대학교동행상〉 등을 수상했다. 『현대문학』으로 등단한 문학평론가이고, 현재 전북대학교 영문과 교수로 재직 중이다. 『야만인을 기다리며』, 『연을 쫓는 아이』 등 사십여 권의 역서와 『J. M. 쿳시의 대화적 소설』, 『문학의 거장들』, 『애도예찬』, 『타자의 정치학과 문학』, 『문학과 트라우마, 그 침묵의 소리들』, 『환대예찬』 등의 저서가 있다.

**달섬 세계고전 22**

# 갈대피리의 노래 2

**지은이** 마울라나 잘랄루딘 루미
**옮긴이** 왕은철
**펴낸이** 김동원
**펴낸곳** 달섬

**초판 1쇄 인쇄** 2020. 12. 21.
**초판 1쇄 발행** 2020. 12. 24.

**달섬** 전라북도 전주시 완산구 어진길 32 (풍남동2가)
**전화** (063) 219-5322
**FAX** (063) 219-5323
**출판등록** 2012년 8월 20일 제465-2012-000021호



값 10,000원

**ISBN** 979-11-6372-111-6 04890
**ISBN** 979-11-6372-001-0(세트) 04080

이 도서의 국립중앙도서관 출판예정도서목록(CIP)은 서지정보유통지원시스템 홈페이지(http://seoji.nl.go.kr)와 국가자료종합목록 구축시스템(http://kolis-net.nl.go.kr)에서 이용하실 수 있습니다. (CIP제어번호 : CIP2020054182)

'달섬'은 전북대학교출판문화원의 임프린트입니다.